ユーロ危機とギリシャ反乱

田中素香
Soko Tanaka

岩波新書
1586

はじめに

ユーロ圏では長期にわたり危機が続いている。危機のタイプは急性の金融パニックから慢性の低経済成長・南北欧州分断へと移行した。危機の時期区分をすると、「リーマン危機」、「ユーロ危機」そして「ポスト・ユーロ危機」と継続し、危機開始から八年目に入った。ユーロ圏は今なお安定した成長軌道に復帰できていない。

本書は二〇一〇年のギリシャ危機から今日まで続くユーロ圏の危機の経過、危機の原因、制度改革、そして危機克服の方法について説明していく。国として、「独り勝ち」といわれたドイツと危機の続くギリシャに特に注目している。

ユーロ圏は二〇一〇年春から二年半の間、ユーロ危機に落ち込み金融パニックが連続したが、二〇一二年秋に金融パニックはようやく沈静化へと向かった。このユーロ危機の展開を追跡し、その原因を検討する(I章とII章)。

ユーロ危機の中で「ユーロ崩壊」論が盛んだったが、ユーロは崩壊せず、危機は沈静化した。その理由は何だったのか。本書ではそれを欧州中央銀行(ECB)の活動に見ている。

ユーロ危機によってユーロ制度が二一世紀の金融危機に対応できないことが明らかとなり、多様な制度改革が行われて、原初のユーロ制度(「ユーロ1・0」)はヴァージョンアップされ、新しい「ユーロ2・0」となった。「ユーロ2・0」とはどのような制度なのか。改革の中味とその性格を明らかにする(Ⅲ章)。

ユーロ制度改革によって金融危機、金融パニックに対する備えはひとまず完了した。ユーロは強化されたのだが、今度は慢性型の危機がユーロ圏をとらえている。二〇一三年から今日まで続くポスト・ユーロ危機の時期には、マイナス成長・低成長が続き、ユーロ圏の経済水準(GDP)は一五年夏になってもまだリーマン危機前の水準に届いていない。ヨーロッパ北部と南部の分断が構造化している。一五年秋にドイツの失業率は四%台だが、ギリシャは二七%、スペインは二二%である。このままでは、これら南欧諸国の失業率が危機前の水準に戻るまでにあと一〇年あるいは二〇年かかるかもしれない。

景気回復を政策的に後押しして南欧諸国の経済回復を早めることはできないのだろうか。現在その役割を担っているのはECBである。ゼロ金利あるいはマイナス金利政策や量的緩和策(QE)などの超金融緩和政策によって、経済成長、デフレ防止、南北ヨーロッパの金利格差の縮小などを目指している。これらポスト・ユーロ危機の諸問題と危機対応については、Ⅳ章で検証している。だが、ECBの金融政策だけでは足りない。ユーロ危機以来、ユーロ加盟国の財政緊縮が続いている。財政健全化は金融パニック対策としても重要ではあるが、ポスト・ユーロ危機の段階の政策としては問題がある。米英両国と比較してもユーロ圏の経済停滞と地域間格差はあまりにひどい。

六年続きのマイナス成長によって実質GDPが二〇〇〇年水準を下回るところまで下落したギリシャでは、国民は耐えきれなくなった。ついに政府レベルでユーロ圏の財政緊縮政策に〝反乱〟を起こした。反乱に対してユーロ圏、ECBは厳しく対応し、ギリシャはほとんど半植民地と見まがう惨状に追い込まれた。ユーロ圏の第三次支援によってひとまず反乱は鎮まったが、ギリシャ危機は再発するであろう(V章)。

以上を受けて、終章でユーロとユーロ圏の将来を展望する。ユーロに対するユーロ加盟国の市民の支持率は非常に高い。産業界もドイツを先頭に確固としてユーロを支持している。「ユーロ2・0」へのヴァージョンアップにも支えられてユーロ崩壊はありえない。ギリシャがユーロ圏から放逐されるというようなユーロ圏の「分裂」はありうるかもしれないが、ユーロが消滅するとか、ユーロ圏が大分裂を起こすような事態は考えにくい。国際通貨としてもユーロはドルに次ぐ第二位の地位を守るであろう。

それよりも問題なのは、第一にユーロ圏諸国の国民生活、とりわけ南欧諸国の経済のゆくえである。ユーロ圏では為替相場の切り下げができないので、競争力の回復には時間がかかる。

スペインとギリシャはバブル破裂の後遺症と競争力喪失の二重の苦難を背負わされている。それに対して、北部欧州諸国を中心にユーロ圏は財政緊縮の継続と我慢を強制している。

根本的な対策として、ユーロ圏レベルの財政資金移転システムの構築を考えるべきである。そのようなシステム構築は、一九七〇年代の通貨統合理論では、為替相場切り下げのできない周縁諸国に対する当然の補償措置と考えられていた。通貨統合を論じる最適通貨圏の理論でも、圏内に新興国(地域)を抱えれば、財政移転システムが不可欠と説いている。

ドイツをはじめ北部欧州諸国はそのようなシステムへの財政資金持ち出しに強く反対しているが、多くの国で左派、右派の政党や市民の抵抗が強まっている。そうした状況の中、連帯の制度を備えた「ユーロ3・0」に発展しない限り、ユーロ圏の安定は確保できないのである。賢明なヨーロッパ人はいずれその方向へ舵を切り替える必要性を認識することになろう。

本書の制作に当たって新書編集部の安田衛氏に大変お世話になった。氏の行き届いたご支援に心から感謝の意を表したい。

二〇一五年一一月

田中素香

目　次

目次

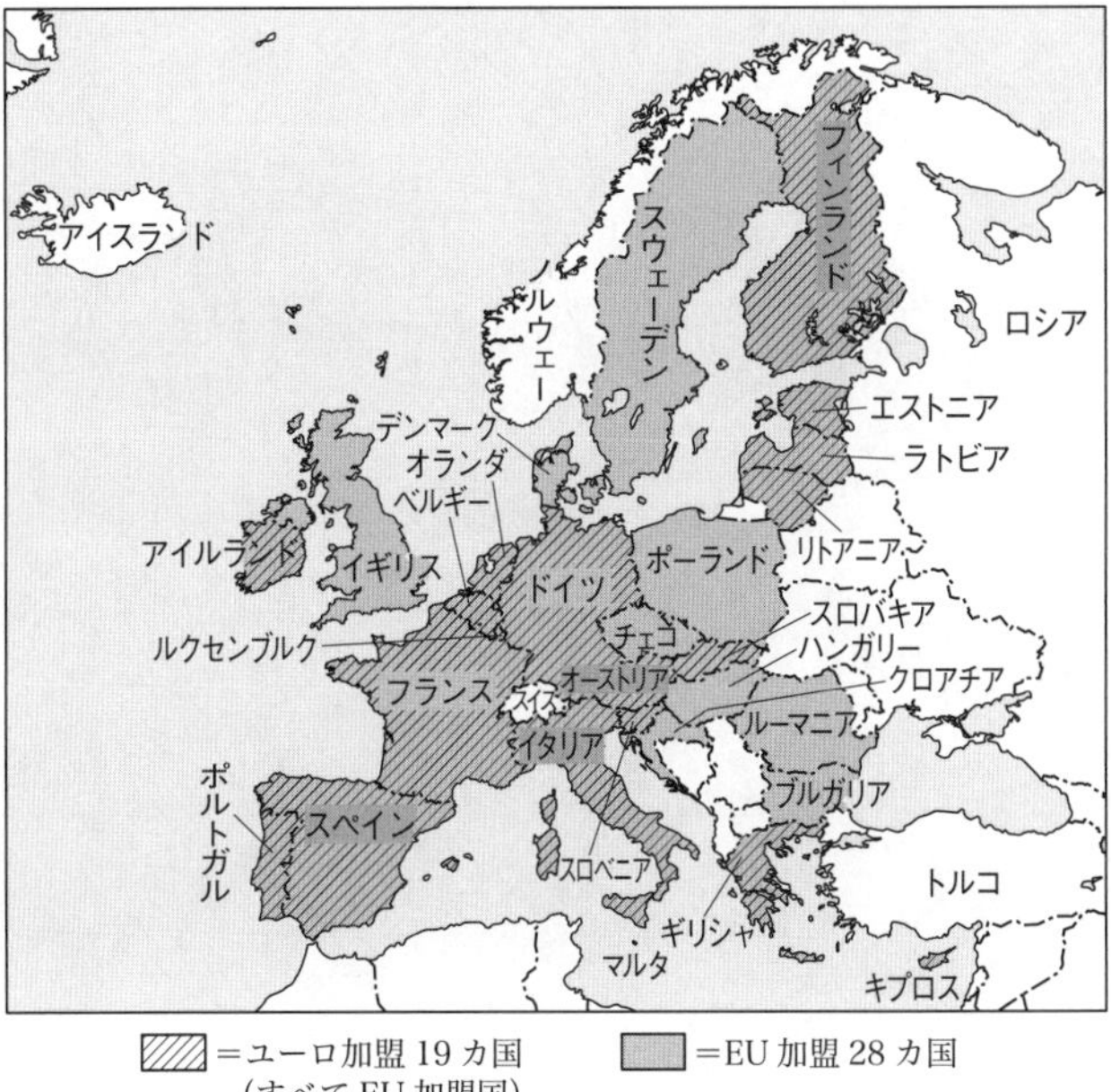

ユーロ加盟国とEU加盟国(2015年)

序章　ユーロ危機の見取り図

ユーロ危機により1ユーロ＝97円台前半までユーロ安が進んだことを示すボード．2012年1月16日，東京(共同)

序章では本書全体の見取り図を示す。

先ず、「リーマン危機」「ユーロ危機」「ポスト・ユーロ危機」の三段階の展開を説明する。

次いで、ユーロ危機の原因、ユーロはなぜ崩壊しなかったのか、ユーロ制度の改革、ユーロ危機からの対立軸となっているドイツとギリシャなど、本書で取り上げるメインテーマを簡単に解説する。

登山の時の概念図にあたる章である。

ユーロ圏の三段階の危機

ユーロ危機、その前と後

二〇〇七年に米国で始まったサブプライム危機は、〇八年九月リーマン・ショックとなって爆発し、瞬時に世界を巻き込んでグローバル金融危機となった。

この二〇〇七年からの危機を「リーマン危機」と呼ぶと、それはヨーロッパに波及し、EUのすべての国、そしてEU外のスイスやバルカン半島諸国をも震撼させた。リーマン・ショックによってヨーロッパ経済は一様に大きく落ち込み、〇九年には戦後最大のマイナス成長となった。

「リーマン危機」から「ユーロ危機」が展開した。ユーロ危機が燃えさかったのは、二〇一〇年春から一二年夏までの二年余りで、金融パニックが連続して激化していったが、ユーロ圏の危機対策によって一二年秋から沈静化に向かい、一三年から新たな、「ポスト・ユーロ危機」段階に入った。この段階には、長期経済停滞、南欧諸国の大量失業、南北欧州の分断、政治・社会危機など、慢性的で多様な危機が今日まで続く。一五年にはギリシャの反乱も起きた。

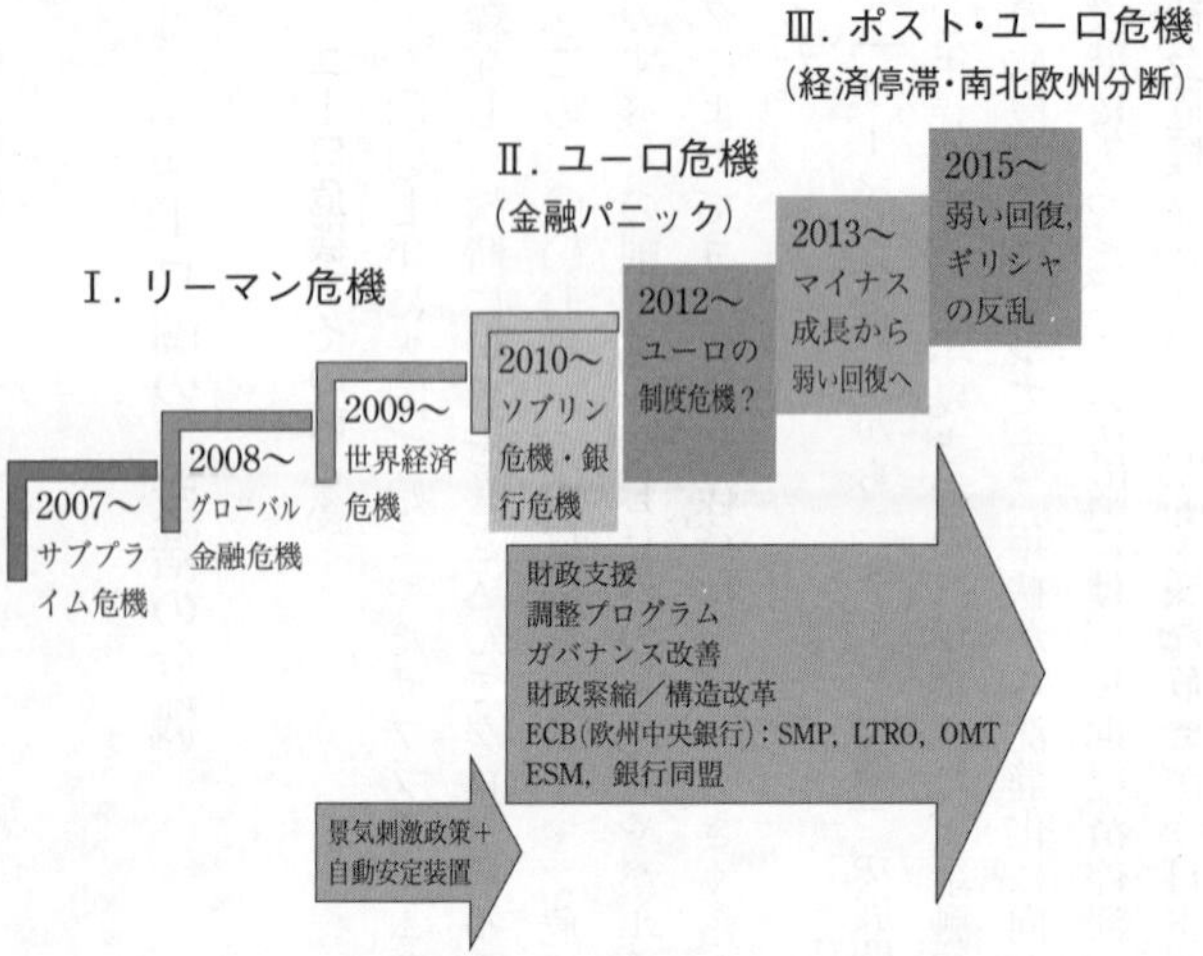

出所：筆者作成

図序-1　3段階にわたる危機

この「リーマン危機」「ユーロ危機」「ポスト・ユーロ危機」の三段階にわたる展開を、簡単な見取り図にまとめておこう（図序-1）。以下、この図に沿って、足かけ九年にわたる危機を概観しておきたい。図の下部の矢の中には、危機対策が多数記入されているが、後の章で順次説明する。

二〇〇八年以降のグローバル金融危機はヨーロッパの先進国、新興国、旧共産圏の東欧諸国などを一様に襲ったが、地域によって危機のタイプは違っていた。西欧型、東欧型、南欧型を区別できる。

西欧型、東欧型の二つについては、前著『ユーロ　危機の中の統一通貨』（岩波新書、二〇一〇年）でかなり詳しく説明したので、

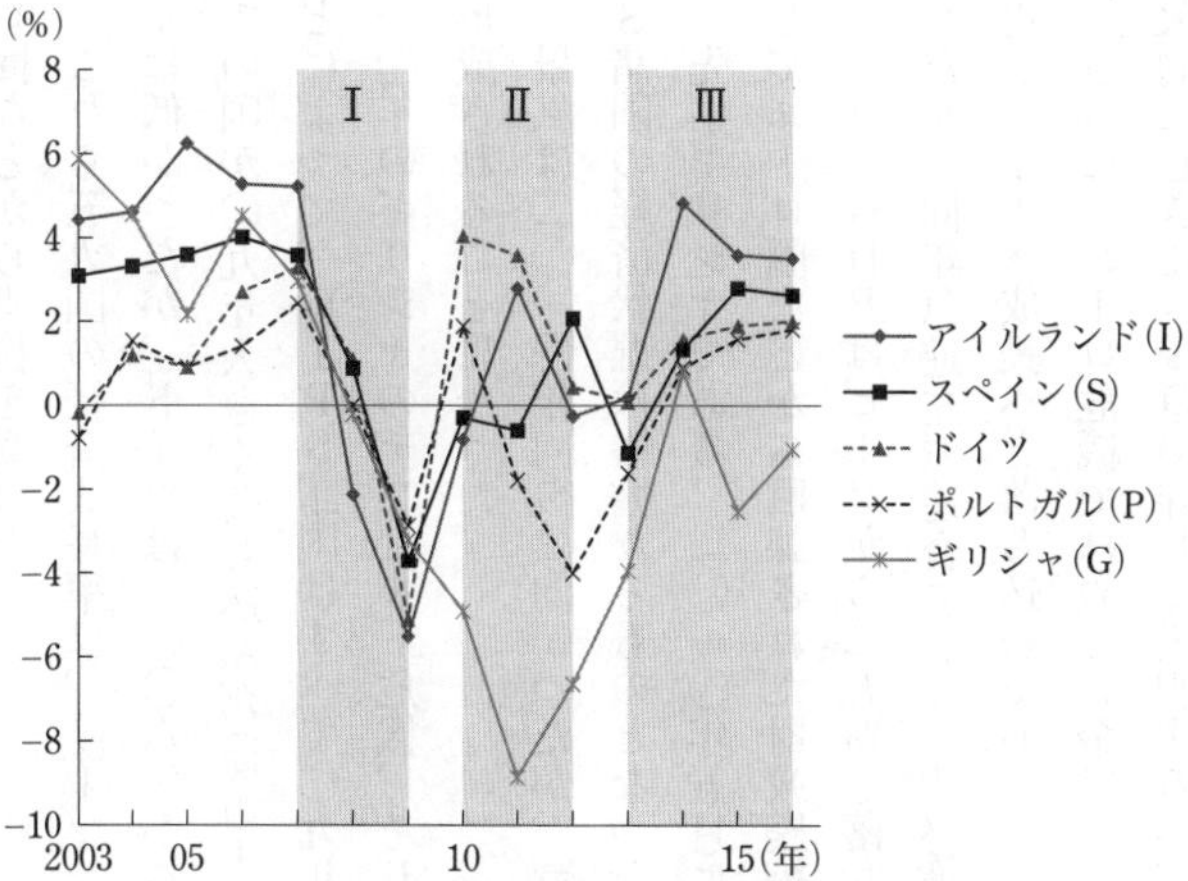

注：Ⅰはリーマン危機，Ⅱはユーロ危機，Ⅲはポスト・ユーロ危機の各段階．
2015・16年は15年春(ギリシャは15年7月)時点の予想値
出所：European Commission, European Economic Forecast 各号より作成

図序-2　GIPS 諸国とドイツの経済成長率

本書では繰り返さない。南欧型は、リーマン・ショックにより、外資の流入が突然停止した南欧諸国の金融・財政危機であった。これは本書のテーマである。

三段階の危機と経済成長

リーマン危機はイタリアを除く南欧諸国の財政を極度に悪化させ、また西欧の大銀行をほぼ同時に金融危機に追い込んだ。それがユーロ危機の伏線になった。

ドイツとGIPS諸国の実質経済成長率の推移を見ると、そのことがよく分かる(図序-2)。GIPSとはギリシャ、アイルランド、ポルトガル、スペインの頭文字を並べたものである。いずれもユーロ危機に直撃され、頭文字の順序でユー

ロ圏などから支援を受けた。

これら五カ国の経済成長率は、リーマン危機前にはIGS三カ国で高く、ドイツとポルトガルは低かったが、ドイツは二〇〇六年から高まった。だが、リーマン・ショックによってすべての国が〇九年大きく落ち込んだ(図のⅠの段階)。深刻な不況に対する財政出動、銀行救済などによって、GIPS諸国はすべて〇九年に財政赤字がGDP比で二桁を記録した。ここで、一〇年のギリシャのデフォルト危機、そしてギリシャ危機の南欧諸国への波及リスクの原因が形成されることになった。

景気は二〇一〇年回復に向かったが、危機は図のⅡのユーロ危機の段階へと進んだ。GIPS諸国の経済状況は惨憺たるものとなった。

先ずギリシャである。二〇一〇年五月に爆発したギリシャ危機の打撃、さらに支援の条件としてユーロ圏などから賦課された財政緊縮の影響もあり、〇八年から六年連続のマイナス成長となり、GDPはピークから二五%も落ち込んでしまった。一五年から回復に向かう予想であったが、同年急進左派連合(シリザ)が政権をとり、ユーロ圏側との支援交渉がこじれ、経済は再びマイナス成長へと落ち込むであろう。

さらに、ユーロ危機では激しい金融パニックが第一波、第二波、第三波と三度にわたって間欠的に起きた。Ⅰ章で詳しく説明するが、アイルランド、ポルトガル、スペインがユーロ圏などから支援を受けた。イタリアの危機も深刻だった。

図序-2のⅢはポスト・ユーロ危機の段階である。金融パニックは過ぎ去ったが、それに替わって、ユーロ圏は慢性の危機に悩まされる。

先ず経済の停滞である。ユーロ圏は二〇一二年・一三年とマイナス成長、一四年にようやくプラス成長となったが、わずか〇・九%。一五年・一六年も低成長、低インフレが続く。

第二はヨーロッパの南北分断である。ドイツの失業率低下とGIPS諸国の大量失業の対比に明確に現れている。ギリシャとスペインではピークで二五%超、若者はその二倍、ポルトガル、アイルランドも二桁である。政治面でもドイツは安定しているが、ギリシャ、スペインでは急進左派政党が台頭、イタリアでもユーロ離脱を主張するポピュリスト政党「五つ星運動」が伸びている。

ユーロ危機の原因

ユーロ危機は「欧州債務危機」といわれるが、その表現は言外にギリシャなど南欧諸国の財政赤字・政府債務膨張が危機の原因だ、と語っている。すなわち、ユーロ危機は二〇〇九年秋のギリシャの政権交代で巨額の財政赤字の隠蔽が暴露されて、翌年デフォルト危機に陥り、それが波及してユーロ危機へと発展した、という認識である。事実経過はそのとおりだが、それではユーロ危機の本当の姿は分からない。

次のI章ではユーロ危機の展開を説明した後、原因の考察へと進み、「危機の四角形」という捉え方を導入する。「政府債務危機」「銀行危機」「南北ヨーロッパの格差」「ユーロ制度の欠陥」という四つの危機要因があり、それぞれに重要だ。ユーロ危機はそれだけ複合的な危機だった。

しかし、四つも要因をあげれば、「では危機の本質は何なのか」と問われるであろう。四要因は相互に絡み合っているので、もつれを解いて危機の本質を特定しなければならない。図序-1のリーマン危機が米英欧(欧は大陸を指す)の巨大銀行、投資銀行、ヘッジファンドなど、巨大金融機関の暴走によって引き起こされたことは今日では常識だが、ユーロ圏でもグローバル金融資本主義の活動があり、それがユーロ危機に導いた。詳しくはI章とII章で検証するが、西欧大銀行は南欧諸国に巨額の与信(貸出と投資など)を行い、財政赤字膨張や不動産バブルを助長しており、それらの銀行の危機を抜きにしては、ユーロ危機は分からない。

ギリシャ危機の南欧諸国への波及が懸念されたのは、それら大銀行が南欧諸国に軒並み与信を行っており、ギリシャがデフォルトすると、大銀行のパニックがたちまち南欧全体に波及する構造になっていたからである。南欧諸国の政府債務危機で話を終わらせるわけにはいかない。

では、ユーロ制度の欠陥とは何か。そもそも通貨統合によるユーロ誕生は、ヨーロッパ人の中にも「奇跡」と受けとめている人がいる。世界最強の通貨ドイツ・マルクの放棄にドイツ国民の多数は反対だったからである。通貨統合を押し通したのはコール首相であったが、それができたのは、ユーロ圏の中央銀行制度がドイツ連邦銀行をモデルにしたことでドイツ人の不安がかなりの程度解消したからであった。

だが、ユーロ危機が激化し長期化したのは、そのドイツの設計に欠陥があったからである。EUの基本条約は危機国への財政支援は行わないと規定していたので、支援決定や制度づくりが遅れた。また、ユーロ圏中央銀行の国債直接購入を禁じていたので、ソブリン危機に対抗できなかった。これらについては、II章で詳しく説明している。

ユーロ危機の時期には最初から最後まで、「ユーロ崩壊」論が盛んだった。「ユーロ崩壊」をはやした人々は外国にも日本にも数え切れないほどいた。米国の著名な経済学者ポール・クルーグマン教授は少なくとも一回、「ユーロ崩壊」と書いたと告発した評論家もいる。

筆者は前著で「ユーロは崩壊しない」と述べた。ヨーロッパは超大国が競い合う二一世紀世界経済にユーロなしでは立ち向かえない、そのユーロをむざむざ崩壊させるほどヨーロッパ人は愚かではない、という確信があった。ギリシャのユーロ離脱も損失が圧倒的に大きく、選択肢にならない、とも考えた。

ユーロは崩壊しなかった。II章ではさらに突き詰め、ユーロ圏の中央銀行制度の活動にその根拠を求めた。

自己責任型から帝国型へ

ドイツの設計したユーロ制度は、ユーロ危機を長期化・激化させた。ユーロ危機によって制度は一歩一歩改革されたが、第三波の危機に至って本格的な改革へと進んだ。改革前の制度を「ユーロ1・0」、改革後の制度を「ユーロ2・0」と表現すると、前者は「財政非連帯制」と「自己責任制」を基本原則としていた。後者は危機国への財政支援制度を備え、欧州中央銀行(ECB)やEUの欧州委員会がユーロ圏全体ににらみをきかせる「帝国型」となった。これでユーロ圏の危機対策は一応完成した。帝国型とは何かを含めて、Ⅲ章で制度改革を説明している。

ユーロ危機から今日まで、とくに注目されるのはドイツとギリシャである。

二〇〇三年ドイツはマイナス成長であった(図序-2)。失業率は一三%に高まり、「ヨーロッパの病人」といわれていた。ところが、すでに述べたように〇六年から成長率は高まり、貿易収支の黒字も膨大となって、様相は一変した。他のEU諸国が恐れるほどの勢いに転じたのである。リーマン・ショックで大きく落ち込んだものの、翌年から勢いよく復活し、失業率も低下を続けた。ユーロ圏で圧倒的な経済力を示し、ドイツの「独り勝ち」といわれている。

「独り勝ち」によってドイツはEUの盟主とか覇権国といわれるようになった。リーマン危機後の米英日と比較しても、ドイツの強さは目立っている。だが、ドイツの自信過剰、他国を顧みず自己主張を繰り返す頑固さ、反米主義など、問題も目立つようになってきた。「ドイツ」がユーロ圏でも世界経済にとっても大問題になっている。Ⅳ章で踏み込んでみたい。

ギリシャの反乱

ポスト・ユーロ危機の段階では、かなり多くの国で、極右・極左政党の躍進が見られる。移民排斥やEU・ユーロ離脱を唱えていて、政治・社会危機の一つの源になっている。その頂点にギリシャが立った。

二〇一五年一月の総選挙で急進左派連合(シリザ)が第一党となり、反EUの右派政党「独立ギリシャ人」と連立政権を樹立した。政府によるユーロ圏への〝反乱〟の始まりだった。

ユーロ圏との支援交渉はこじれて、回復を始めたギリシャ経済は再び悪化した。ユーロ圏とギリシャの交渉は二〇一五年八月、第三次支援が決まって一段落したが、根本的な解決からはほど遠い。ギリシャ危機はいずれ再発する。

アイルランドとポルトガルはEU・ユーロ圏・IMFのいわゆる「トロイカ」の支援を一度受けて自立したが、ギリシャだけは違う。なぜギリシャ支援は相次いで失敗するのだろうか。

「トロイカ」もギリシャのことをよく理解していなかったのではないか。支援方法は間違っていなかったのか。V章では政治経済学による分析と提案を心がけたい。

ユーロへの支持は圧倒的に高い

EUの欧州委員会は継続的にEU全域で広範な世論調査を実施している。そのデータを見ると、ユーロ危機によってEUあるいはユーロ圏で、経済的・社会的・政治的分裂が深まり、危機前までEUに横溢していた連帯意識は分断されてしまった。二〇一四年春から改善が見られるものの、厳しい状況が続く。

したがって、ユーロに対する諸国民の批判もユーロ危機とともに大きく激しくなった、と想像されるであろう。ところが、ユーロ加盟国の市民の「ユーロ支持」は危機の中でも非常に高い。危機に苦しむ南欧諸国でもユーロ支持が圧倒的に高いのである。

市民レベルではユーロへの支持はまったく揺らいでいない。この事実を基礎に、終章では、ユーロのゆくえを探る。

「ユーロ2・0」はソブリン危機と金融パニックへの対応であって、ポスト・ユーロ危機段階の南北格差の固定化には効果はない。ポスト・ユーロ危機段階に深刻化する西欧と南欧との格差問題、それへの対策、そして、「帝国型」を超える「ユーロ3・0」についても考察する。

Ⅰ章　ユーロ危機の展開と危機の「本質」

ユーロ危機の対応策をめぐる首脳会議後に共同記者会見に臨む(左から)スペインのラホイ首相，フランスのオランド大統領，ドイツのメルケル首相，イタリアのモンティ首相．2012年6月22日，イタリア・ローマ(AFP＝時事)

I章の目的は第一波から第三波にわたる「ユーロ危機」の展開の全貌を伝えることである。ユーロ危機の第一波(二〇一〇年四月～一一年四月)はギリシャ危機から始まった。

西欧の大銀行による巨額の資金流入が危機前の南欧諸国の好景気を支えていたが、資金の流入が停止し、まずギリシャがソブリン危機・金融危機に陥った。ユーロ圏に危機への備えがなく、ユーロ加盟国の意見対立などもあり対応が遅れ、二〇一〇年五月、ようやく緊急の対応がまとまった。

しかし、翌二〇一一年夏、危機の第二波(一一年六月～一二年一月)が始まり、ユーロ圏全体を巻き込む大金融パニックに発展した。ユーロ圏諸国の危機対応は効力を失い、欧州中央銀行(ECB)が危機最前線に出て金融パニックを静めた。だが、さらに危機の第三波(一二年四月～八月)が勃発し、ユーロ制度の危機を迎えたが、ここでもECBドラギ総裁が危機を沈静化させた。

1　ユーロ危機の第一波——ギリシャ危機

危機の始まり

ユーロ危機の発端はギリシャ危機であった。よく知られているように、危機は新政権の突然の財政赤字発表から始まった。

二〇〇九年一〇月総選挙で「福祉の増進」をスローガンに掲げた中道左派の全ギリシャ社会主義運動(PASOK)が地滑り的勝利をおさめ、新政権が誕生した。ヨルゴス・パパンドレウ新政権は交代早々に、新民主主義党(ND)前政権がGDP比三%台と発表していた同年の財政赤字の数値は嘘で、実際には一二・七%の予想、と暴露した。ギリシャ危機の始まりであった(〇九年財政赤字は最終的に一五・六%となった)。ギリシャの政府債務(財政赤字の累積残高)は〇八年すでにGDP比一〇〇%を超えており、にわかにデフォルト不安が広がった。

デフォルトは債務不履行、つまり借金を返済しないということで、貸し手に損害を与える。デフォルトは企業や個人にも起きるが、政府のデフォルト危機は「ソブリン危機」といわれ、第二次大戦後、先進国(OECD加盟国)にデフォルトの前例はなかった。リーマン・ショックの後でもあり、ギリシャ政府が国債を発行しても市場での消化は難しく、初のデフォルトの可能性が高まった。

ギリシャ国債の格付けは次々引き下げられ、国債は売り込まれて価格は暴落、国債利回りは年末から上昇を続けた。

ソブリン危機の指標・国債利回り

ソブリン危機の激しさの度合いは、国債利回りで表される。国債利回りは流通市場での国債の購入から得られる収益率を表していて、計算式は「確定利子÷国債価格」である。国債の利子の額は国債発行の時に確定しており一定である(「確定利子」)。計算式の分母の国債価格は市場での国債の需要と供給に応じて変動する。分子は一定なので、国債利回りは国債価格に反比例する。危機になって国債が投げ売りされれば、その価格は暴落し、したがって利回りは急騰する。つまり、利回りの急騰はソブリン危機の激しさの指標になる。

ユーロ圏の国債利回りの標準(「ベンチマーク」)は、圏内でもっとも低くかつ安定しているドイツ国債の利回りである。ユーロ圏が金融危機になるとドイツ国債の利回りも影響を受けるので、それと各国国債利回りとの格差(スプレッド)によって危機の激しさと持続期間を国ごとに示すことができる。図I-1は一〇年物国債利回りの対独スプレッドである。金融取引は取引金額が大きいので、パーセントでは単位として大きすぎる。スプレッドの単位はベーシス・ポイント(一〇〇分の一パーセント)である。

図の網枠は、ユーロ危機の第一波から第三波、そして二〇一五年のギリシャの反乱期を示す。一〇年五月ギリシャの利回りは跳ね上がり、アイルランド、ポルトガルが続く。ユーロ危機の第一波である。一一年夏スペイン、イタリアが急騰し、秋にはコア諸国の一部(ベルギー、オーストリア、フランス)も高まった。第二波である。一二年四月からの第三波ではギリシャと、スペインとイタリアも巻き込まれている。対照的に、一五年はギリシャだけ跳ね上がって、他の諸国への波及はほとんどない。

　このように、国債利回りスプレッドによってソブリン危機の国、時期、危機の度合い、波及の有無などを特定できるのである。

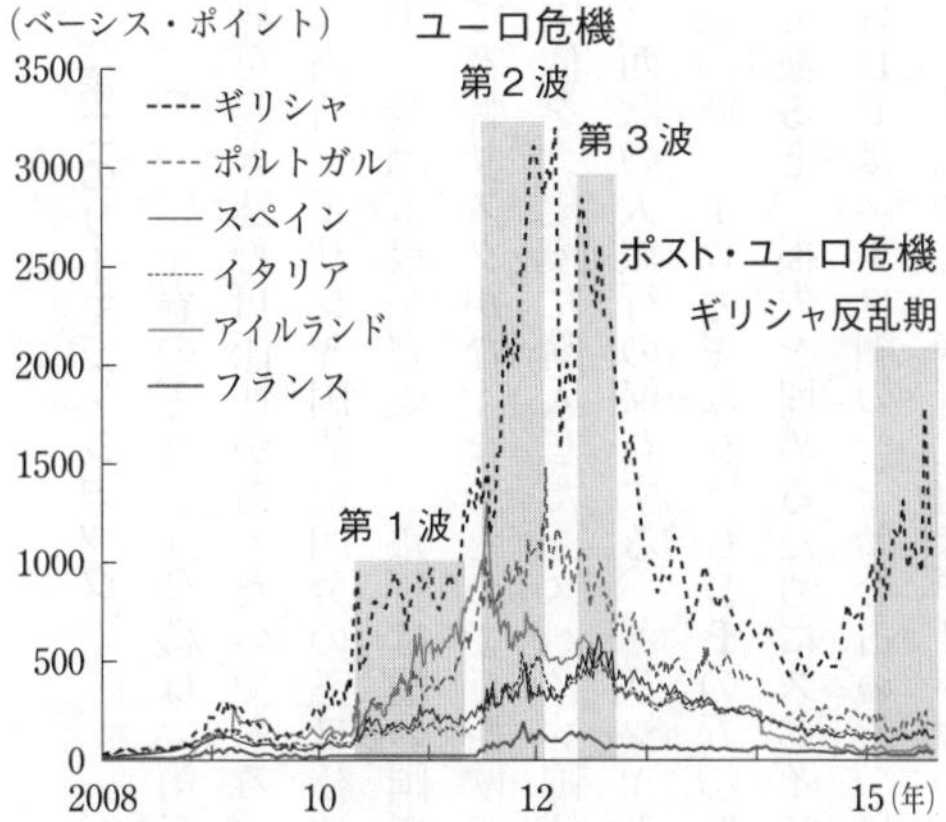

注：10年物国債の対独スプレッド．ベーシス・ポイントは100分の1%

出所：Bloombergより作成

図Ⅰ-1　10年物国債利回りの対独スプレッド

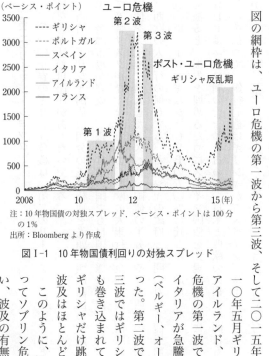

「第二のリーマン・ショック」

二〇一〇年春のギリシャ危機は「第二のリーマン・ショック」と金融市場で恐れられた。世界を巻き込む可能性があったのである。

当時、ギリシャ国債の四分の三は仏独を先頭に西欧諸国の大銀行が保有していた。EUでは単一金融市場が完成し、銀行は他の国でも自国同様に自由に活動できた。しかもユーロによって為替リスクがなくなったので、西欧の大銀行は金利の高い南欧諸国への貸出を大きく増やし、国債を大規模に購入した。スペイン国債の半分もやはり西欧の大銀行の保有であった。

西欧の大銀行の保有する、ギリシャの政府と民間に対する債権額は、二〇〇九年末には一一五〇億ユーロとギリシャGDPの五〇%に達した。政府のデフォルトでそれら大銀行が大損失を被ると、損失を埋めるためにスペイン国債を大規模に売りに出すかもしれない。スペインのGDPはユーロ圏の一一%を占める。日米と西欧の大銀行の間にも貸借ネットワークがある。それを伝って、銀行危機はギリシャからスペイン、ユーロ圏、そして世界金融危機に発展するかもしれない。「第二のリーマン・ショック」と恐れられたのはそのためであった。

長引くユーロ圏の救済会議——支援決定はなぜ遅れたのか

ギリシャ政府とユーロ圏諸国政府との間で二〇一〇年二月に開始されたギリシャ支援の協議は長引いた。ギリシャ政府はユーロ加盟から毎年財政赤字の虚偽の数値をEUに提出していたことが暴露されたので、ドイツのショイブレ財務相は、ユーロ圏財務相会合でギリシャのユーロ圏離脱を主張し、フランスなどと対立した。ギリシャ政府は西欧の大銀行の窮状をつかんでおり、「われわれがデフォルトして困るのはそちらでしょう」と切り返した。

ギリシャ政府は国債償還が迫った二〇一〇年四月二三日、ついにユーロ圏とIMFに正式に支援を要請したが、それでも協議はまとまらず、ついに金融市場の我慢の限界を超えた。四月末から金融パニックが始まり、五月にかけて激烈化し、世界に波及した。米国、日本の株価も急落した。ユーロ相場はドルや円などの主要通貨に対して暴落し、ユーロ崩壊論が広がった。米国政府などからドイツ政府へ金融パニック沈静化の要請が強まり、ユーロ圏諸国は一〇年五月上旬ようやく危機対策を取り決めた。だが、危機沈静化には七月までかかった。

ドイツでギリシャ追い出しの世論が強まり、政府はその説得のためにぎりぎりの時点まで救援決定を引き延ばしたといわれる。世界に迷惑をかけており、事実ならひどい話である。

さらに、EU運営条約には「非救済条項」(No-Bailout Clause)、つまり、ユーロ圏諸国は他の加盟国政府を財政支援しない、という条項があり、合意を妨げていた。これをドイツ政府が強調したので、他の諸政府が公式に反論するのは難しく、決定までに長くかかったのである。

2 「トロイカ」による支援――EU・ユーロ圏・IMF

「トロイカ」(EU・ユーロ圏・IMF)の支援決定

ユーロ圏財務相会合と首脳会議が相次いで開催され、金融市場パニック爆発寸前の二〇一〇年五月九日深夜、アジア市場の開く前のタイミングで、ついに二つの決定が行われた。

第一は一一〇〇億ユーロのギリシャ財政支援の発動である。ユーロ圏八〇〇億ユーロ、IMF三〇〇億ユーロ、支援期間は三年間(二年半後に市場復帰を予定)、利子率五%超のローンで、高い利子はギリシャへの懲罰であった。資金は欧州委員会がとりまとめ、ユーロ圏各国がギリシャ政府にバイラテラル(双務的)に支援する。ギリシャは二〇一〇年中に財政赤字をGDP比四%分カットし、一四年にはGDP比二・六%にまで引き下げる、という条件が付いた。

第二はスペインなどを念頭に設定された、合計七五〇〇億ユーロ(当時の為替相場で約八五兆円)の財政支援制度である。資金の内訳は次のとおりで、いずれも最大値である。

欧州金融安定ファシリティ(EFSF)　四四〇〇億ユーロ　ユーロ加盟国
欧州金融安定化メカニズム(EFSM)　六〇〇億ユーロ　EU(欧州委員会)

ＩＭＦ　　二五〇〇億ユーロ

新設の欧州金融安定ファシリティ（ＥＦＳＦ）は、ユーロ圏のトリプルＡ格の国（当時独仏など六カ国）が連携して債券（ＥＦＳＦ債）を発行して資金を調達し、危機国にローンを供与する。欧州金融安定化メカニズム（ＥＦＳＭ）は国際収支困難に陥ったＥＵ加盟国支援のための従来からの機構であるが、資金枠を拡充した。ＥＵ予算を担保に、欧州委員会がトリプルＡ格の債券を発行して資金を調達する。四四〇〇億ユーロはユーロ加盟国のＧＤＰ比で約五％である。計七五〇〇億ユーロという大きな額は、大国スペインへの飛び火にも対応できると市場に安心感を与えようとしたためである。

また、ＩＭＦのこれだけ巨額の支援は前例がなかった。ＩＭＦの参加にはフランスやＥＣＢが反対したが、ドイツなどの説得に折れあった。ＩＭＦはこうした支援に長年の経験があり多数のエキスパートを抱え資金面でも助けになる。ドイツはＩＭＦの厳しい措置に期待していた。

ＥＵにはこの種の支援の経験がないので、ＩＭＦがリーダーシップをとり、従来のＩＭＦの支援方式がギリシャにも採用された。年限を切って支援プログラムを組み、被支援国に対して財政緊縮や構造改革などさまざまな条件（「コンディショナリティ」）を付けて、デフォルト危機の再発を防ぐ。ＥＵ（欧州委員会）、ユーロ圏（ＥＣＢが代表）、ＩＭＦがグループとなって支援を行うので、「トロイカ」（三頭立ての馬車）と呼ばれたが、ＥＣＢの関与は小さく、事実上ＩＭＦと欧州委員会の合議で決定した。支援金は少額に分けて原則三カ月に一度供与される。被支援国がコンディショナリティを忠実に実行しているかどうか毎回トロイカが現地検証を行い、確かめてから次の資金供与に移るのである。

ギリシャ危機では、国債が問題であった。独仏英の大銀行がギリシャ国債のほとんどを保有していた。南欧諸国などユーロ圏周縁国全体では、フランスの大銀行の債権規模は四六五〇億ユーロ、ドイツの銀行は四九三〇億ユーロであった。

ＥＣＢは二〇一〇年五月上旬、ギリシャ国債の買い取りに出動した。ＥＣＢの指示で、ユーロ圏各国の中央銀行が南欧諸国国債を民間金融機関と相対《あいたい》で買い取ったのである。これを「証券市場プログラム」（ＳＭＰ）という。一〇年五月に始まったＥＣＢの国債購入の有効性は金融市場で高く評価された。独仏などの大銀行を救済したのだから、金融市場が高く評価したのは当然かもしれない。

アイルランドとポルトガルのデフォルト危機と支援

ギリシャ危機がいったん沈静化した後の二〇一〇年秋、アイルランドがデフォルト危機に見舞われた。この危機は不動産バブルの破裂から発展した。

アイルランドの住宅価格のピークは二〇〇七年で、一九九七年に比べて三・五倍に上昇していた。この期間にわたって不動産開発が活発化、ディベロッパーへの貸付も膨大となった。銀行貸出の急膨張がこのブームを支え、アイルランドの銀行資産は国のGDPの八倍にまで膨張した。アイルランドの銀行はロンドン市場でユーロ資金を調達し、イギリス、ドイツの銀行が積極的に貸出を行った。

ところがサブプライム危機によりロンドンの銀行間市場で資金調達が困難となった。アイルランドの三大銀行の株価は二〇〇七年前半をピークに急落、住宅価格は同年半ばに下落に転じた。住宅バブルが崩壊していくにつれて、住宅ローンやディベロッパーへの貸付が焦げ付き、銀行の不良債権は増大して経営が悪化、政府は銀行支援で財政赤字が拡大、国債価格が下落し、国債を保有する銀行の経営をさらに悪化させた。「銀行とソブリンの悪循環」が動き出したのである。

翌二〇〇八年九月のリーマン・ショックによって外国資金は急激に流出、銀行の不良債権比率は〇七年の〇・八%から〇九年には九%という異常な高さとなった。銀行救済・不況対策費の支出急増により政府はデフォルト危機に陥り、一〇年一一月、トロイカに緊急支援を申請、一二月末に支援が発動された。三年期限、二年半後の金融市場復帰が目標となった。支援額は合計八五〇億ユーロ（EFSM二二五億ユーロ、EFSF一七七億ユーロ、IMF二二五億ユーロ、またアイルランド政府年金基金から一七五億ユーロなど)で、財政赤字の穴埋め五〇〇億、銀行支援に三五〇億ユーロが予定された。支援により危機は短期間で沈静化したが、国債利回り上昇は長期化した(図I-1参照)。翌一一年の財政赤字はGDP比三二%に跳ね上がった。一一年二月の総選挙で、与党共和党は「史上最悪」の敗北を喫し、統一アイルランド党のエンダ・ケニー党首が労働党との連立政権を組織し、首相となった。

ポルトガルでも財政赤字が二〇〇九年、一〇年ともGDP比約一〇%に達した。EUに財政緊縮を求められた社会党政権(少数与党)は一一年三月財政緊縮計画を議会に提出したが、拒否され、国債利回りが跳ね上がった。資金繰りに窮した政府は四月、トロイカに支援を要請、七八〇億ユーロ(EFSF、EFSM、IMFそれぞれ二六〇億ユーロ)の供与が決まった。

ポルトガルは一九八六年のEC加盟から、EC地域政策予算の供与を受けてインフラを強化し、また西欧諸国などからの海外直接投資(FDI)を受けて比較的高い成長を遂げてキャッチアップしたが、FDIは九〇年代半ばから中・東欧に移った。

硬直的な労働市場と労働生産性の停滞とがあいまってポルトガルの競争力は低下し、ユーロの下で長期経済停滞に陥った。

二〇〇四年、四%台の財政赤字の隠蔽が新政権発足により明るみに出て、欧州委員会から厳しい警告を受け、財政緊縮に取り組んだものの労働組合の反対などで徹底せず、ギリシャと同じように、政府・民間(非金融企業、家計)ともに外国から借金を膨らませて経済水準を維持した。だがリーマン危機以降財政悪化が進み、一一年六月の総選挙で社会党ソクラテス政権は敗北して政権が交代し、社会民主党コエリョ党首が新首相となった。

ユーロ危機の第一波においてデフォルト危機に直面したのは、以上の三カ国である。三カ国合計でユーロ圏GDPの六%程度なので、本書では第一波を「小国危機」と呼ぶことにする。

3　ユーロ危機の第二波――世界金融危機への発展

第二波危機――激烈な金融パニックの全面化

二〇一一年春には一時的に金融危機が沈静化し、ユーロ圏では楽観論も出たが、ユーロ危機の第二波がそれを吹き飛ばした。ギリシャは一〇年にGDP比五%近くの財政赤字を削減したが、翌一一年に入ると改善は停止、政府債務は一四五%となり、デフォルト観測から国債利回りは上昇を始めた。

二〇一一年六月、デフォルト懸念からギリシャの国債利回りは跳ね上がり、一〇年物で一五%を超えた(図Ⅰ-1参照)。国債が五%の利子で発行されたと仮定すれば、価格は三分の一に下がったことになる。金融危機は六月末スペインとイタリアに波及、両国の国債利回りは急騰して六%台となり、危機感が高まった。金融市場では七%以上は「危機水域」とされ、投資家が過剰反応しやすい。新規に発行する国債に七%もの高い利子を支払い続ければ、早晩デフォルトへ追い込まれる。

スペインの財政赤字は二〇〇九年にGDP比一一・一%、一〇年も九・六%と改善しておらず、不動産バブル崩壊によって銀行の不良債権も増えていた。イタリアの一〇年の財政赤字はGDP比四・五%、財政赤字から利払い費を除いた基礎的財政収支(プライマリー・バランス)はほぼ均衡しており、リーマン危機後としては健全財政ともいえたが、政府債務が一二〇%と高かったので、国債の償還や借換のために頻繁に巨額の国債を発行しなければならない。政府の資金調達の先行きに懸念が広がった。

ユーロ圏首脳会議は二〇一一年七月二一日、危機対策強化で合意した。先ずギリシャ第二次支援である。既存の支援は効果がなかったので、第二次支援ローンを設定する、また民間債権者(主として銀行)の保有するギリシャ政府への債権を二一%カットする(民間投資家負担、PSI：Private Sector Involvement)。第二に資金供与のみだった欧州金融安定ファシリティ(EFSF)の機能を強化し、国債買い上げ、銀行への資本注入(危機国政府を通じて実施)、危機国への予防的貸付の三つの機能を与える、というものである。

これらの新対策にはユーロ加盟各国の議会の承認が必要とされ、時間がかかる。その間に金融危機はさらに激化した。二〇一一年八月四日格付会社S＆PがアメリカQ国債をトリプルAから一段階引き下げた。民主党のオバマ大統領と下院多数派となった共和党の財政政策協議が難航の末、決裂したからである。これをきっかけに八日月曜日から米欧にまたがる金融危機が勃発、市場は騒然となり、八月中旬には米欧市場とも一時パニック状態に陥った。米市場はやがて落ち着きを取り戻したが、ユーロ圏の動揺は激化した。

二〇一一年八月から金融パニックが続発し、ギリシャとポルトガルの国債利回りはさらに跳ね上がった。また政府債務が一〇〇％に迫るベルギー、財政赤字拡大の懸念されるフランス、銀行が中・東欧に子会社・支店を大展開しているオーストリアなどコア諸国にも波及した。一一年一一月二三日にはドイツで短期国債の札割れ（売れ残り）が生じ、危機はユーロ圏全体に広がり、ユーロ崩壊とユーロ圏発世界金融危機が危惧されるまでになった。混乱に嫌気のさしたドイツがユーロ圏を出て行くという荒唐無稽の議論も出たが、それがまじめに受け取られるほど、情勢判断も偏ってしまった。危機は極限に達した。

ユーロ危機の第二波が深刻化するのを見て、世界各国の金融当局（とりわけ新興国の中央銀行）は欧州系の銀行に保有していたドル準備を引き揚げていった。欧州系銀行は二〇一一年後半、預金流出に見舞われ、それがまたヨーロッパの金融危機を増幅した。若干の新興国中央銀行はユーロの外貨準備保有を減らし、資金調達に窮したヨーロッパの大銀行はアジア市場などから撤退を始め、各地の金融市場を収縮させた。新興国の外貨準備引き上げが回り回って新興国を痛めつけた。ユーロ危機はこのようにいくつかのルートを通じて、一一年後半、国際金融市場を動揺させ続けたのである。

ユーロ圏諸国とECBの危機対応は機能不全へ

二〇一一年八月に米欧金融危機が勃発すると、ECBは証券市場プログラム(SMP)によりスペイン、イタリアなど危機国の国債購入に出動した。国債の価格下落と利回り上昇を防ごうとしたのである。年末までに約一四〇〇億ユーロを購入したが、売りの勢いに対抗できず、効果はほとんどなかった(後掲図I-2、三八頁参照)。

ユーロ圏首脳会議は二〇一一年一〇月二六日夕方から一〇時間をかけて、七月の首脳会議合意を強化した「ユーロ包括戦略」をまとめた。①ギリシャ政府債務カット(PSI)を五〇%に引き上げ、②外部資金を活用し欧州金融安定ファシリティ(EFSF)の貸付能力を一兆ユーロに高める、③ヨーロッパの銀行の「狭義の中核的自己資本」(普通株、利潤の内部留保など)の資産比率を九%に引き上げ危機対応力を強化する、などである。

首脳会議はこの包括戦略を一一月初めにフランスのカンヌで開催されるG20に提出し、助力を得るつもりであった。金融市場にも安心感が戻り、株価は上昇に転じた。だが、ギリシャ首相がその流れを覆した。パパンドレウ首相は一〇月三一日、突然、ギリシャ第二次支援策を国民投票にかけると声明を発表したのである。世界中があっけにとられた。

新しい支援策はギリシャの経済成長を重視し、ローンの返済期間三〇年、一〇年間は返済不要、優遇金利など、第一次支援より格段に寛大であった。第一次支援のローン金利の引き下げも含まれていた。さらに民間銀行債権の五〇％カットで国債償還も楽になるはずである。

首相は国民投票で多数を得て、力をつけてきた政府与党のライバル、ヴェニゼロス財務相などに対して、自らの立場を強化するつもりであったらしい。だが国民の財政緊縮反対運動の激しさを考えれば、あまりにも危険な賭であった。国民投票で「ノー」が出れば、トロイカの支援は停止し、ギリシャの「秩序なきデフォルト」が視野に入る。金融市場の大混乱、ギリシャのユーロ圏離脱、世界金融危機への発展も想定された。

メルケル独首相とサルコジ仏大統領は激怒し、カンヌにパパンドレウ首相を呼びつけて叱責した。ギリシャ国内でも反発が強まり、パパンドレウ首相は一一月六日に辞任したが、一〇月二六日の首脳会議合意は重みを失った。カンヌG20でも日米などから批判を浴び、域外諸国の支援取り付けは宙に浮いた。メルケル首相とサルコジ大統領が密着して危機対応を指導してきたので、「メルコジ」といわれたが、そのメルコジ路線が行き詰まったのである。

金融市場のセンチメント（心理）は急激に悪化した。イタリア、スペインの国債利回りは「危機水域」の七％を超え、ギリシャ、ポルトガルの国債利回りは急騰した。イタリアでは国民融和の観点から財政緊縮などの危機対応に消極的なベルルスコーニ首相に金融市場が反発し、首相への批判が強まって、辞任に追い込まれた。

イタリアではナポリターノ大統領の英断により一一月一六日マリオ・モンティ（ボッコーニ大学学長、元欧州委員会コミッショナー）が首相となって実務家内閣を組織し、財政緊縮や労働法改正に乗り出した。ギリシャでもパパデモス前ＥＣＢ副総裁が新首相となり、二大政党（ＰＡＳＯＫとＮＤ）が与党となって、連立内閣が組織された。

危機対策の新展開――ＥＣＢが危機対策の最前線に

ユーロ圏首脳会議の面目は丸つぶれで、後続の対策を打てず、危機対策は完全に行き詰まった。「ユーロ崩壊」が当然のように語られた。

だが、天はユーロを見捨てなかった。トリシェＥＣＢ総裁の八年の任期が二〇一一年一〇月に満了、一一月に第三代総裁マリオ・ドラギが就任したからである。ドラギ指揮下のＥＣＢは直ちに危機対策の最前線に出た。ドラギ総裁は就任早々ＥＣＢの政策金利を引き下げ、さらに一二月二一日に四八九〇億ユーロ（当時のレートで約五〇兆円）という巨額の三年満期資金を固定金利一％で五二三の銀行に供与した。長期リファイナンシング・オペ、通称ＬＴＲＯ《エルトロ》（Long-

Term Refinancing Operations）と呼ばれる。ＬＴＲＯは従来三カ月限度だったが、危機の中で一年満期にまで長期化していた。ドラギ総裁はそれを一気に三年に大幅に長期化し、低金利で資金供給を行った。これをVeryを付けて、ＶＬＴＲＯ《ブイエルトロ》と呼ぶことにしよう。

ドラギ新総裁はイタリアの俊秀で、ローマのラ・サピエンツァ大学卒業、米国ＭＩＴ（マサチューセッツ工科大学）に留学して経済学博士号を取得、世界銀行エコノミスト、フィレンツェ大学教授、イタリア経済財務省総務局長時代には民営化などでイタリアのユーロ加盟に貢献、二〇〇二年から〇六年まで米国の投資銀行ゴールドマン・サックス副会長、〇六年からイタリア銀行（中央銀行）総裁を経て、ＥＣＢ総裁に就任した。

当時、ユーロ危機の第二波の深刻化・長期化により、南欧諸国を先頭に多くのユーロ圏諸国で銀行の資産状況が悪化していた。しかも、二〇一二年から一三年にかけて、それらの銀行は巨額の社債償還などを抱え、資金調達を必要としていた。ところが、金融市場はヨーロッパの南北で分断され、南欧諸国の最優良の銀行でも銀行間市場で資金調達ができなかった。このまま行けば、銀行の破綻から金融システムの崩壊が見えており、銀行や金融市場は不安に震えていた。

そこにＶＬＴＲＯが行われ、銀行は先行き一年程度の必要資金は確保できた。年明けには銀行破綻の危機は去ったという安心感が戻った。安心、信頼という心理的要因が金融資本主義の時代には非常に重要な役割を果たす。ドラギ新総裁の大胆な資金貸出はその点を見事に突いていたのである。

サルコジ大統領は、「銀行が金利一%で入手した資金で六%以上の自国国債を買えば、大きな利ざやを稼げる」と公言して、スペインやイタリアの銀行に国債購入を促した。そしてそれは実行され、国債利回りは急激に低下。ソブリン危機の恐れも後退した。

ECBは二〇一二年二月二九日に五二九五億ユーロ(約五七兆円)の第二次VLTROを八〇〇の銀行を相手に実施し、だめを押した。合計一兆ユーロを超えるVLTROの資金の先は、スペイン四一%、イタリア二五%、ドイツ一一%、フランス九%の順であった。アイルランドとポルトガルは二%、ギリシャは一%以下だった。

半年以上にわたった危機の第二波はVLTROによって沈静化した。ユーロ圏首脳会議にはできなかった芸当をドラギ総裁がやってのけ、投資家は「ドラギ・マジック」と囃した。

4 ユーロ危機の第三波——ユーロ制度危機

ギリシャ離脱危機

だが、小康状態は三カ月と続かなかった。ギリシャとスペインで危機が再発したのである。

ギリシャでは二〇一二年五月六日の総選挙の選挙運動の中で、反EU・反緊縮を唱える極左・極右の政党が急伸、過半数の勢いとなった。とりわけチプラス党首の急進左派連合（シリザ）が台風の目になった。シリザを中核に反EU政党が政権をとり、「トロイカ」が再交渉に応じないなら、ギリシャはユーロ圏離脱に追い込まれるという見通しのもと、他の重債務国への波及も懸念され、ギリシャなどの国債利回りは急騰、金融市場はまたしても危機に陥った（図Ⅰ-1参照）。ギリシャから預金が大規模に流出、ドイツに流入した。ギリシャ企業などが安全地帯であるドイツに資金を移しただけではない。イギリス政府がユーロ崩壊の可能性を指摘して、イギリスの大銀行に対処を求めたので、南欧諸国所在の支店・子会社は南欧諸国から大規模に資金を西欧・北欧諸国に移し、預金流出が巨大化した。銀行危機のスペインでも銀行預金が引き出され、ドイツなど「安全国」への逃避が増加した。イタリアの銀行でも二月に海外居住者の預金残高が前年同月比で一六％減少しており、それだけ海外へ預金が流出したのである。

総選挙では、二大政府与党のうち新民主主義党（ND）は第一党になったが、全ギリシャ社会主義運動（PASOK）が惨敗し、両党を合わせても議席の過半数に届かなかった。代わってシリザが第二党に躍進、ネオナチ型ファシスト政党「黄金の夜明け」、ユーロ離脱を主張する共産党などが伸びた。選挙当時、かつて一〇〇万あった企業のうち二五万が破綻していたという。失業率は二〇％超、若者の失業率は五〇％に迫った。この窮状に、ギリシャのナショナル・プライドは傷つき、「EUの脅しには屈しない」「メルケルは許せない」という感情レベルの主張が支持を広げたのである。総選挙後のギリシャ大統領の連立政権工作は失敗し、六月一七日の再選挙が決まった。

フランス三大銀行のうち、クレディ・アグリコルはギリシャのエンポリキ銀行、ソシエテ・ジェネラルはゲニキ銀行を二〇〇五年頃傘下に収め、ギリシャでの銀行活動を活発化させたが、一二年ついにそれらをギリシャの銀行に売り渡し、ギリシャから手を引いた。

不安の連鎖により、二〇一二年五月半ばから世界株安へ、さらにユーロ危機深刻化により新興国から資金が流出し、ブラジル、インド、南アフリカなどの通貨が軒並み下落した。資金は日米独などの国債へ流入し、長期金利が急低下、円高も加速し、一二年六月初めには一ドル七七円、一ユーロ九五円台という途方もない円高となったが、民主党政権も日銀もなんら有効な対抗策を打てなかった。ヨーロッパ危機により中国の輸出が減速、中国に部品などを供給する韓国、台湾、日本の輸出に波及してきた。

二〇一二年六月一七日ギリシャの再選挙で、NDが第一党、PASOKともう一つ少数政党を加えてトロイカの支援策を受け入れたサマラス政権が成立、ギリシャ危機はひとまずおさまった。

スペインの銀行危機とイタリアの追随

スペインはギリシャと並びユーロ危機の第三波の主役となった。スペインでは一九九七年から一〇年を超える好況が続いた。南米やモロッコなど外国からの移民が急増し、住宅供給は当初そうした実需によって盛り上がったが、やがて住宅だけでなく、貸しビルなど商業用不動産もバブル化、高速道路・空港などインフラ投資も盛んになり、行きすぎのケースも目立った。二〇〇五年頃から「このままではバブルが破裂、要注意」との警告が発せられていたが効果はなく、リーマン・ショックによって外資流入が突然停止し、不動産バブルが崩壊した。

スペインで不動産関連の貸付の主役は地方の中小貯蓄銀行(カハ)であった。その資産額は金融市場の半分を占めるまでに拡大したが、バブル崩壊により二〇〇〇億ユーロといわれる巨額の不良債権を抱えた。スペインの銀行の不良債権比率は八％台へ上昇、国債利回りも急騰し、「銀行危機とソブリン危機の共振」というおなじみの悪循環に陥った。

政府は銀行危機対策の一環として、カハ四五行を一一行に整理集約していった。だが七つのカハの合併で生まれたバンキア銀行が抱え込んだ銀行の一つの不良債権が余りにひどすぎることが判明、バンキア自体が不良債権危機に陥った。倒産の噂が広がり、政府は資本注入により二〇一二年五月末事実上バンキアを国有化、他のカハ三行にも大規模な支援を行った。バンキアの危機は避けられたが、スペインの銀行再編基金が銀行危機を救済するに必要な資金をもちあわせていないことが判明し、金融市場は動揺した。スペインは一七の自治州からなるが、不動産バブルに見舞われたいくつかの州の財政悪化の実態が明らかとなり、それもまた金融市場の不安を高め、ソブリン危機への懸念が高まった。銀行と政府の共倒れの構図である。

二〇一二年六月七日、格付会社フィッチはスペイン国債の格付けを一気に三段階引き下げ、トリプルBにした。あと二段階下がると「投資不適格」となる。同月九日、ユーロ圏財務相理事会は欧州金融安定化メカニズム(EFSM)と欧州安定メカニズム(ESM、七月発足予定だった)などから一〇〇〇億ユーロをスペインの銀行再編基金に注入、この基金が政府と協力して国内銀行に資本注入する仕組みに合意した。六月にはイタリアでも、モンティ内閣の労働市場改革法案に対する労働組合の反対運動が高揚し、スペイン国債利回りの上昇にイタリアが追随した。

政府間協力から経済統合へ

米日など諸外国の政府や中央銀行は、ユーロ圏への批判と根本的な対応を求める声を相次いであげた。EU首脳からも「対症療法」への反省がなされ、危機対策がアップグレードされた。

欧州委員会は二〇一二年六月六日、ECBへ銀行監督を一元化することなどを含む「銀行同盟」提案を行った。さらに五月六日の大統領選挙で勝利したフランスのオランド新大統領が旗振り役となり、ユーロ圏の財政統合などを提言した。オランド氏は選挙キャンペーンで「銀行は敵だ」と公言し、大統領に就任すると銀行規制や金融取引税構想を打ち出した。

二〇一二年六月二九日のユーロ圏首脳会議は、「銀行危機とソブリン危機の共振を阻止するのが至上命令」との認識を示し、銀行同盟の構築を容認した。ユーロ圏の制度改革は新しい段階に入った。ユーロ危機により銀行監督や破綻処理をもはや各国当局に委ねることはできなくなっており、ユーロ圏レベルに権限を委譲し、統一的な機構を設立する、というのである。この制度についてはⅢ章で詳しく説明しよう。

だが、この首脳会議の決定によっても危機は沈静化しなかった。七月、スペイン国債は三年物以上が軒並み利回り七%を超える異常事態となり、ドイツへの預金流出が加速した。

新規国債購入措置（OMT）によるユーロ危機沈静化

二〇一二年七月二六日、ドラギ総裁はロンドンで投資家などを前に講演し、「ユーロを守るためにECBは何でもする。私を信じて欲しい」と呼びかけた。これを境に金融パニックは嘘のように沈静化を始めた。第二の「ドラギ・マジック」であった。

金融危機の指標を見れば、危機沈静化は一目瞭然である。図Ⅰ-2は、ロンドン銀行間金利と、安全資産金利の格差（スプレッド）によって金融市場危機の動きを表している。トリシェ総裁が二〇一一年八月から実施した証券市場プログラム（SMP）によるスペイン・イタリア国債

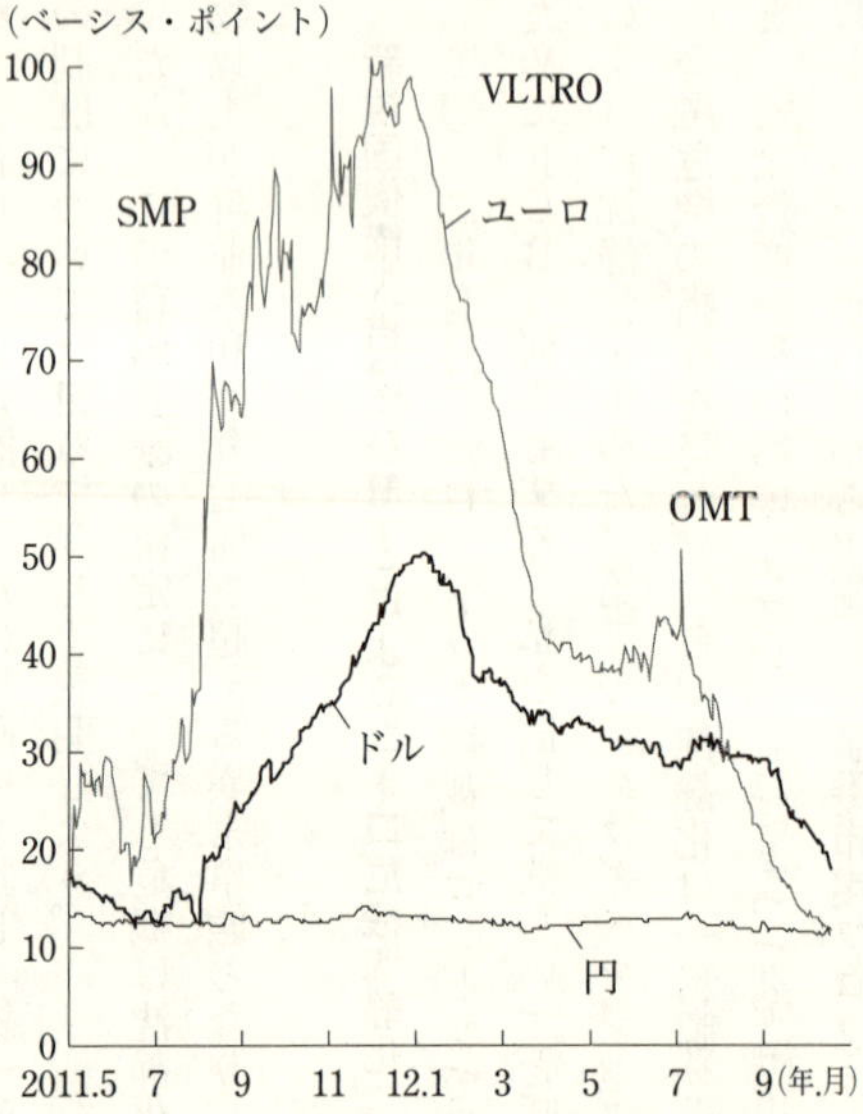

出所：Bloomberg 統計より BNP パリバ証券作成の図を一部拡大

図Ⅰ-2　ドル・ユーロ・円の金利スプレッド(ロンドン市場，3カ月物)

購入は効果がなく、スプレッドは暴騰している。だが、ドラギ総裁のVLTROによって一一年末から、そしてロンドン演説によって一二年七月末から、スプレッドは急速に低下している。

金融市場関係者の中にはドラギ総裁の「ECBは何でも」(whatever it takes)という「三語で二〇一二年は尽きている」と絶賛する声もあった。イギリスの経済紙フィナンシャル・タイムズは、「ヨーロッパに希望を与えた」として、ドラギ総裁を「二〇一二年の人」に選んだ。

「マジック」はなぜ起きたのだろうか。それは、ドラギ総裁の発言がECBは危機国国債の無制限購入を宣言したと受け止められたからである。

一九三〇年代初め、金本位制下の中央銀行は金準備に縛られて通貨供給を増やすことができず金融恐慌を激化させてしまった。現代の中央銀行にはもはや金の縛りはないので、いくらでも現金を供給して、銀行を救済し、必要とあれば、危機国国債を無制限に買い上げて利回りを引き下げることもできる。だがECBにはEU運営条約とドイツの縛りがかかっていた。ドラギ総裁の「何でもする」発言はそれへの挑戦であった。第一次「ドラギ・マジック」の実績を背景に、凄みがあった。金融市場の雰囲気は一変したのである。

ドラギ発言は危機国国債の無制限購入措置（OMT）に具体化された。これは満期まで三年を切った国債をECBが無制限に購入する措置である。ECBはドラギ講演から間髪を入れず八月早々にその概要を公表して市場を安心させ、九月六日の政策理事会で採択した。ドイツ連銀ヴァイトマン総裁はただ一人反対票を投じた。

当時、すでに欧州安定メカニズム（ESM）の発足が二〇一二年一〇月に確定していた（七月発足予定だったがドイツでのESM違憲訴訟によりずれ込んだ）。ESMは欧州金融安定ファシリティ（EFSF）を継承する恒久的な機関であって、ユーロ圏諸国によるESM条約によって設立された。ユーロ圏の危機国への財政支援、資本不足銀行への直接の資本注入を行い（危機国政府を経由しないため財政悪化にならない）、国債の直接購入を行うことができる。満期まで三年を超える長期の国債を購入する。八〇〇億ユーロの自己資本を保有し、ESM債を発行して資金調達し、五〇〇〇億ユーロまでの支援が可能とされる。

国債の無制限購入措置（ОＭＴ）はこのＥＳＭを前提にしている。危機国がОＭＴの適用を希望すれば、ＥＳＭに支援を申請し、財政緊縮や構造改革などＥＳＭのコンディショナリティの適用を受ける。国債の無制限購入が危機国のモラル・ハザードをもたらさない工夫である。ОＭＴによりＥＣＢが購入する国債には優先弁済権（ＣＡＣ）はつかない。つまり、同種の国債を保有する民間金融機関に対してＥＣＢへの債務返済が優先されることはない。二〇一二年二月のギリシャ国債の債権カットの際には民間保有分だけがカットされ公的機関は除外された。批判が巻き起こり、ОＭＴはそれに応えた。なお、ОＭＴが採択されたことによって証券市場プログラム（ＳＭＰ）は廃止された。

ОＭＴのフル表示はOutright Monetary Transactionsであり、直訳すると、一方的通貨取引となるが、これでは何のことか分からないので、「新規国債購入措置」の訳語が使われる。ＳＭＰに次ぐ新規の国債購入措置、という意味である。ＥＣＢはなぜ分かりにくい用語を使うのだろうか。ドイツの反発を考慮して、意図的に分かりにくい表現を採用しているのではないだろうか。ＥＵ運営条約が国債の直接購入を禁じている中、流通市場での間接購入とはいえ、無制限に国債を購入することになるので、正確な表現はやぶ蛇になりかねない。実際にも、ドイツで、ОＭＴに関して「憲法異議」が出され、また「条約違反」訴訟が連邦憲法裁判所に起こ

表Ⅰ-1　第1波〜第3波にわたるユーロ危機の概要

危　機	第1波：小国危機	第2波：全面危機	第3波：制度危機
時　期	10年4月〜11年4月	11年6月〜12年1月	12年4月〜8月
発火点	ギリシャ・デフォルト危機	ギリシャ・デフォルト危機	ギリシャ離脱危機
危機国	ギリシャ，アイルランド，ポルトガル(但し，ギリシャ危機は波及のおそれ)	ギリシャ，アイルランド，ポルトガル，スペイン，イタリア，一時コア諸国	ギリシャ，スペイン，イタリア
危機対策	•ギリシャ支援1100億ユーロ •財政支援策7500億ユーロ ［アイルランドとポルトガルが3年期限で受領］	•財政支援策強化 •ギリシャ第2次支援と民間債権者に対する債務削減(PSI) •ECBの巨額資金供与(VLTRO)	•銀行同盟 •ESM(欧州安定メカニズム) •ECBのOMT採択

出所：筆者作成

された(Ⅲ章で詳述)。

「ドラギのバズーカ砲」

ＯＭＴの国債購入は「無制限」がキモである。金融市場はそこにＥＣＢの本気を読み取り、攻撃を停止した。ドイツ連銀は反対したが、ドイツ政府が黙認したことも市場の安心感を強めた。スペインやイタリアの国債利回りは急低下を始め、市場での国債発行が容易になった。

国債の対ドイツ・スプレッドも、ドラギ発言から低下を始め、ＯＭＴ採用からはっきりと下落した。スペイン、イタリアの国債利回りも低下していった。こうして、二〇一〇年四月末のギリシャ危機爆発から二年以上にわたって続いた第一波〜第三波の金融パニックの嵐はようやく最終的に沈静化し、ユーロ圏はポスト・ユーロ危機の新段階へと移行していった。もっとも一三年三月にキプロス銀行危機が燃え上がったが、キプロスの特殊事情を反映し、危機も短期で終わった。一三年からポスト・ユーロ危機という段階区分でよい。

ＯＭＴは「ドラギのバズーカ砲」、つまりＥＣＢの最強兵器といわれたが、実際には一発も発射することなく、ユーロ危機を最終的に沈静化させた。投資家にしてみると、危機国の国債をＥＣＢが無制限に購入すれば価格暴落は防がれるので、慌てて国債を投げ売りする必要はなくなる。バズーカ砲は発射しなくても、あるというだけで効果を発揮した。それゆえ、ＯＭＴを核抑止力にたとえる人もいる。ＯＭＴとＥＳＭが揃ったことで、ユーロ制度崩壊のような「テールリスク」（確率は低いが発生すると巨大な損失をもたらすリスク）への危機感が除去され、ユーロ危機の最終的な沈静化へと至ったのである。

まとめとして、三波のユーロ危機の概要を表示しておこう（表Ｉ-1）。

5　危機の原因をどこに見るか

ユーロ危機の四角形

ユーロ危機では、GDP比三桁の政府債務を抱えるギリシャ、イタリアなどの諸国、二〇〇九年に財政赤字二桁を記録した諸国で危機が幾度も爆発したので、「欧州債務危機」といわれることが多い。ドイツ人は「ユーロ危機ではなく欧州債務危機」と強調する。

ところがスペインやアイルランドの危機は不動産バブル崩壊から生じており、銀行危機（不良債権問題）・不況・税収減少などによってソブリン危機に至っている。政府債務危機は結果であって、原因は銀行・金融にあった。そして、ドイツの大銀行は危機に大きく関与しており、スペインに流入した外資の半分はドイツの銀行によるものだった。銀行が危機を引き起こしたのだから、「欧州銀行危機」ともいえるのである。だが、欧州債務危機であれば、危機の責任は財政節度を喪失した南欧諸国にあるということになり、ドイツ人は安心できる。すなわち、「欧州債務危機」はドイツ的利害に裏打ちされた名称ともいえる。

ユーロ危機をどう見るかは、実は難問なのである。危機の名称が国や機関の利害を反映するから、それぞれが都合のよい名称を使いたい。それだけに、うっかり主流の意見に流されると、事の本質を見失うことにもなりかねない。

債務危機に陥った国が南欧に集中していたことを重視する立場から見れば、ユーロ圏が先進国と新興国の混合で形成される垂直的な通貨同盟であるという点が浮かび上がる。西欧と南欧とがユーロ圏に並存しているので、競争力の劣る南欧諸国にひずみがかかり、財政赤字や政府債務危機へと至った、それがユーロ危機の本質、という見方になる。

危機の主要な原因をユーロ制度の欠陥に求める見方もある。ユーロ制度に危機対応能力はなく、すべて加盟国任せの危機対応となった。意見の集約に時間がかかり、危機対応力も弱く、危機を激化させており、ユーロ制度の欠陥こそが致命的であったと評価するのである。

このようなユーロ危機の諸要因は「ユーロ危機の四角形」で表すことができる（図Ⅰ-3）。危機要因は相互に絡み合っており、どれか一つを取り出して危機全体の名称とするわけにはいかないのである。

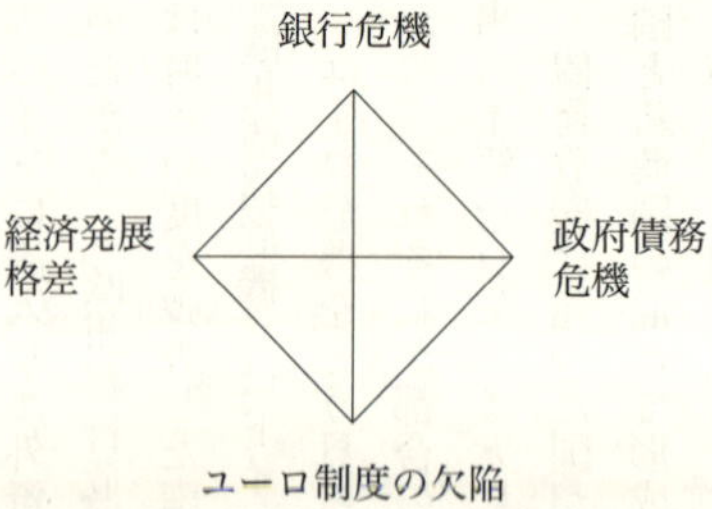

出所：筆者作成

図Ⅰ-3　ユーロ危機の四角形

ユーロ危機の「本質」

しかし、危機の要因を四つも列挙すると、今度は、「では危機の本質は何か」と問われる。複雑なのは分かるが、「これが決め手だった」という要因があるはずだ、というわけだ。

ユーロ制度の設計者たちは、先進国通貨同盟（水平型）を想定していたが、ＧＩＰＳ諸国が揃

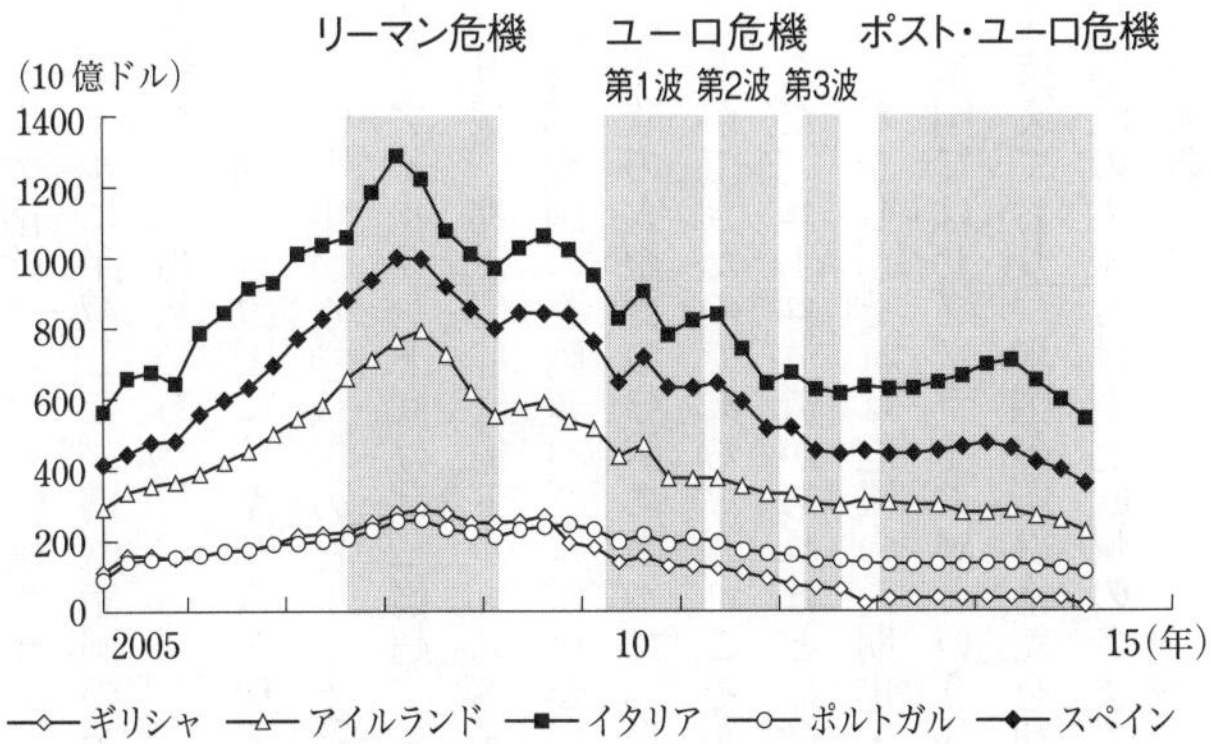

出所：BIS, Consolidated Banking Statistics より作成

図Ⅰ-4　欧州主要国銀行の GIPSY 各国向け債権残高

って加盟し、垂直型になった。しかし、南北格差だけではユーロ危機に進むとは限らない。南の国が一九九〇年代にユーロ加盟を目指して進めたような経済構造改革をユーロ加盟後も継続し、西欧などから企業を呼び込んで、西欧諸国にキャッチアップするという道もありえた。

ところが、それと反対のことが起きた。西欧の銀行が南欧に大規模に与信(貸出と投資など)したので、南欧の長期金利はドイツ並み近くまで低下し、人々は安易な消費ブーム、ギリシャ政府は安易な財政赤字累積路線へと進んでいった。西欧五カ国(独仏蘭墺ベルギー)の銀行がGIPSY五カ国(Yはイタリアの Y)に行った与信(残高)は、一九九九年に約五〇〇〇億ドルだったが、二〇〇五年頃から加速的に増加し、〇八年のピークでは一兆六〇〇〇億ドルと三倍以上になった。リーマン・シヨックで南欧のバブルが破裂する（バスト）と、今度は大規模流出に移り、一二年末には八〇〇〇億ドルに半減した。南欧諸国の金融システムが機能不全に陥り、実体経済が不況に突き落とされたのは当然であった。

右の西欧五カ国にイギリスを加えたヨーロッパ主要国銀行の南欧五カ国への与信額を見ると、二〇〇五年から〇八年のピークまでわずか三年余りの期間にイタリア、スペイン向けが二・五倍、アイルランド向けは三倍超、ギリシャは三倍弱に急激に増加した（図I-4）。ピークではイタリア一兆三〇〇〇億ドル、スペイン一兆ドル、小国アイルランドが八〇〇〇億ドルであり、後者二カ国の不動産バブルがいかに巨額の外国資金に支えられたかが分かる。GIPSY諸国は西欧の大銀行の与信によって、身の丈を超えた消費・不動産投資また財政赤字を膨らませることができたのである。これこそがユーロ危機の本質ではないか。

ただ、ユーロ危機があれほどに激化し長期化したのはユーロ制度の欠陥によるところが大きい。しかし、それは危機の長期化・激化要因であり、「本質」とは区別すべきであろう。

米国ではサブプライム層という低所得層を住宅ローンに引き込み住宅ブーム・証券化ブームを支えており、米国の所得格差を利用したビジネスがサブプライム危機を招いた。ユーロ圏では西欧の大銀行は南北欧州のさまざまな格差を利用した。域内格差を利用した点で共通しているのである。

II章　ユーロ制度の欠陥と「ユーロ崩壊」論

ギリシャの首都・アテネで緊縮政策に反対するデモで行進する人々．2012年2月9日(共同)

ユーロ制度の欠陥についてはI章で危機の三つの波に即して説明したが、本章では「非救済条項」と「国債直接購入禁止」を中心に掘り下げて、ユーロ制度の問題点を検証していく。それら二つの条項はドイツの設計によるが、それがいかにユーロ危機を激化させ、長期化させたかを明らかにする。ユーロ危機の際には「ユーロ崩壊」論が燃えさかったが、ユーロは崩壊しなかった。なぜだったのか。本書はその秘密をECBに見ている。ECBの危機対応活動を多面的に掘り下げ、明確な説明を提出する。

1　ユーロ制度の設計と基本的特徴

時代の制約

ユーロ危機を経てユーロ制度を考え直す時、その二つの大きな特徴が浮かび上がる。第一は時代の制約ということであり、第二はドイツの制度設計がもたらした欠陥ということである。先ず時代的制約について取り上げよう。

その第一は、ユーロ制度の危機対応力である。ユーロ制度はマーストリヒト条約(一九九一年一二月EC首脳会議で合意、九二年二月調印、九三年一一月発効)で与えられた。制度の構築は八九年から九一年までで、制度設計の際に参考にされたのは、一九六〇年代から八〇年代まで約三〇年間の金融情勢、国際金融情勢であった。この三〇年間は資本主義の全歴史の中でも圧倒的な金融安定の時代であった。九〇年頃には、三〇年代のような激烈な通貨・金融危機が再来するとはほとんど誰も、エキスパートでさえ、考えなかった。

だが、一九九〇年代の金融自由化、金融グローバル化によって、金融情勢は激変する。リーマン・ショックとグローバル金融危機をユーロ制度は想定していなかった。九〇年代の金融グローバル化の展開を見て、ユーロ制度の改善をエキスパート達は提言したが、EUの基本条約の改正には加盟国すべての賛成が必要だ。起きてもいない危機への対応を理由に条約改正はできなかった。ユーロ危機に対するユーロ圏やECBの対応の甘さ、不十分さ、立ち後れなどは、ユーロ制度に内在する時代的制約を反映していた。

条約の時代的制約については多くの論点がある。物価安定の過度の重視、市場機能への過度の信頼があった。統一通貨制度を全面的に検討して制度をつくる、というのではなく、ドイツ統一に対処するために、大急ぎで制度をまとめた。また、ユーロ制度として先進国間の水平的な通貨同盟を想定していたのに、南欧諸国が加盟し、垂直的通貨同盟となり、制度設計と現実との大いなるズレが生じた。

これらユーロの前史については、前著『ユーロ 危機の中の統一通貨』のⅡ章「ユーロ導入までの道のり」で概説し、ユーロの大まかな仕組みについては同書Ⅲ章「ユーロはどういう仕組みなのか」において説明した。

ドイツ統一とユーロ制度の設計

ユーロ制度設計の一九八九年からの三年間は戦後世界経済の大転換期と重なる。八九年、ポーランド、チェコ、ハンガリーで市民革命によって共産党政権が崩壊、旧東ドイツもその後を追った。同年一一月、ベルリンの壁が破壊され、戦後世界を特徴づけた資本主義対共産主義の冷戦体制が崩れていった。翌九〇年、東ドイツ諸州は西ドイツへ併合され、ドイツ統一が叶った。九一年一二月には、共産圏の盟主ソ連が崩壊したため、他の社会主義国も体制を維持できなくなった。中・東欧諸国はEC加盟へと進み、鄧小平の中国は社会主義市場経済を唱えて経済の開放、独自の資本主義化へ舵を切り、インドも経済の対外開放へ方向転換した。

資本主義が世界を支配する唯一の経済制度となった。新興国三〇億人超の人々が資本主義の支配する世界経済へ参加してきた。それまでは資本主義先進国の人口は八億人程度。世界資本主義の大転換が始まったのである。ここから二一世紀が始まったと見ることもできる。

ドイツ統一によって通貨統合情勢も一変した。統一ドイツは完全主権を獲得し、ベルリンを首都にすると決定した。EC諸国は統一ドイツの「独り歩き」を恐れた。「独り歩き」とは、ドイツが東に進出し、ソ連(ロシア)と手を握って中・東欧を支配下に置き、西欧と米国に対抗する事態の控えめな表現である。

ドイツ・マルクはすでに西欧の基軸通貨になっていて、外国為替取引ではドルに次ぐ世界第二位であり、第三位の円を大きく引き離して圧倒的な地位を築いていた。中・東欧が開ければ、マルクの支配は東方に延びる。西欧諸国が統一ドイツ復活に恐怖を感じたのは当然であろう。

西欧諸国はドイツ統一を無条件で承認し、旧東ドイツを直ちにドイツ領としてECに編入することにした。その代償として、西欧諸国はドイツ・マルク放棄を求めた。「独り歩き」を阻止するためである。通貨を共通化すれば、ドイツは勝手に動けない。ドイツ政府はマルクを放棄する見返りに制度の設計を求めた。統一通貨制度の設計はドイツ連銀に委ねられ、欧州中央銀行の所在地もドイツの金融センター・フランクフルトにすんなりと決まった。

当時のドイツ連銀総裁カール＝オットー・ペールはドイツ・マルクが守ってきたドイツの通貨的自立が通貨統合によって侵害されることに強い疑義をもっていた。ドイツの利益が損なわれないよう細心の注意を払って制度を仕上げたのである。ドイツ連銀案はフランスのジャック・ドラロジエール中央銀行総裁にまず示され、両者による草案として、EC中央銀行総裁評議会に提出されたのである。

EU通貨統合の研究者デビッド・マーシュはその時のことを次のように書いている。「ドイツ連銀は、最後の瞬間まで気がつかなかったが、ドイツ・マルクの掌中から解放されるためならば、フランスとイタリアはどんなことでもやる覚悟だったのである」。当時すでにマルクは欧州通貨制度(EMS)の基軸通貨となっていたので、EC各国の金融政策はドイツ連銀に支配されていた。この「マルク本位制」を一国一票のユーロ制度によって覆したいという念願がフランスやイタリアの中銀総裁にはあった。

ユーロ制度は一九九一年のEC首脳会議議長国であったルクセンブルクとオランダの条約草

案に組み込まれた。草案は条約のたたき台としてEC一二カ国の政府間交渉にかけられ、九一年一二月首脳会議においてようやく合意に達した。当時のミッテラン仏大統領の側近は、「ユーロ制度の欠陥は分かっていたが、マルク放棄をドイツに受け入れさせるために、やむなく条約案を承認した」と語っている。条約合意と同じ日にソ連が崩壊した。西欧がソ連・東欧とにらみ合った冷戦時代は終わり、西欧による東欧支配の新しい潮流がうねり始めた。

非連帯型通貨同盟

マーストリヒト条約に規定されたユーロ制度、つまり原初のユーロ制度を「ユーロ1・0」とすると、その特徴は「非連帯型」であり、その原則はユーロ加盟国の「自己責任制」である。ユーロ加盟国は自立的かつ自律的に自国の経済を運営し、他国に迷惑をかけてはならない。きちんと経済運営できる国だけからなる通貨同盟であれば、経済運営に行き詰まることはない。言い換えれば、ドイツは困った国の援助にカネを出す必要がない、そういう仕組みである。EU運営条約第一二五条は「非救済条項」(No-Bailout Clause)と呼ばれているが、そこには次のように書かれている。

「EUは、あるいは加盟国は、中央政府、……あるいは他の当局の債務の保証を負い、またそのような債務を引き受けることはない」

ユーロ加盟国の間で財政支援が行われると、それに甘える国が出て、財政赤字を垂れ流すかもしれない、つまり「モラル・ハザード」が起きるかもしれない。反対に、支援をしなければ市場で国債発行となるが、財政赤字国は高金利となるので、財政赤字に自然にブレーキがかかる、という発想である。支援がなければ、ユーロ加盟国は自己責任で財政をきちんと運営するインセンティブを与えられる。自己責任原則の徹底のために非救済条項がおかれたというのが、ドイツで主流となっている条文解釈である。

非連帯型の第二の特徴は中央銀行の国債直接購入の禁止である。ECBとユーロ圏各国中央銀行は国債や地方債の「直接的取得」を禁止されている(EU運営条約第一二三条一項)。中央銀行が自国の国債を政府から直接購入する行為は「マネタイゼーション」あるいは「財政ファイナンス」と呼ばれ、インフレを引き起こしかねないとして警戒されている。

ドイツは第一次大戦後のハイパーインフレの経験から財政ファイナンスにはとくに神経質である。ドイツ連銀も国債直接購入を禁止されている。

財政ファイナンスによりユーロ圏のある国がインフレになると、ユーロ圏全体に迷惑を及ぼす。そうした事態を条約は禁止しているわけだが、これも、設計国ドイツに引き付けて解釈すると、ECBや各国中央銀行が危機国の国債を買い取る形でカネを出せば、第一二五条の非救済条項が尻抜けになる。ECBの買い取った国債がデフォルトで焦げ付けば、ユーロ加盟国につけが回り、ドイツも多額の負担を背負う。それを回避する条項とも解釈できる。

非連帯型の第三の特徴は財政赤字規制である。ＥＵ運営条約第一二六条に、ＥＵ諸国は「過度の財政赤字を出さない」として、違反国への罰則プロセスが詳細に規定されている。それを具体化したのが「安定と成長の協定」（ＳＧＰ、一九九七年ＥＵ諸国が調印）である。ＥＵ加盟国は年三％以上の財政赤字を出してはならない。違反が続くと、ＧＤＰ比〇・五％までの罰金を適用する、というのである。経済成長率がマイナス二％よりひどいというような例外的事態を除いて、加盟国は一律の規則に服することになった。

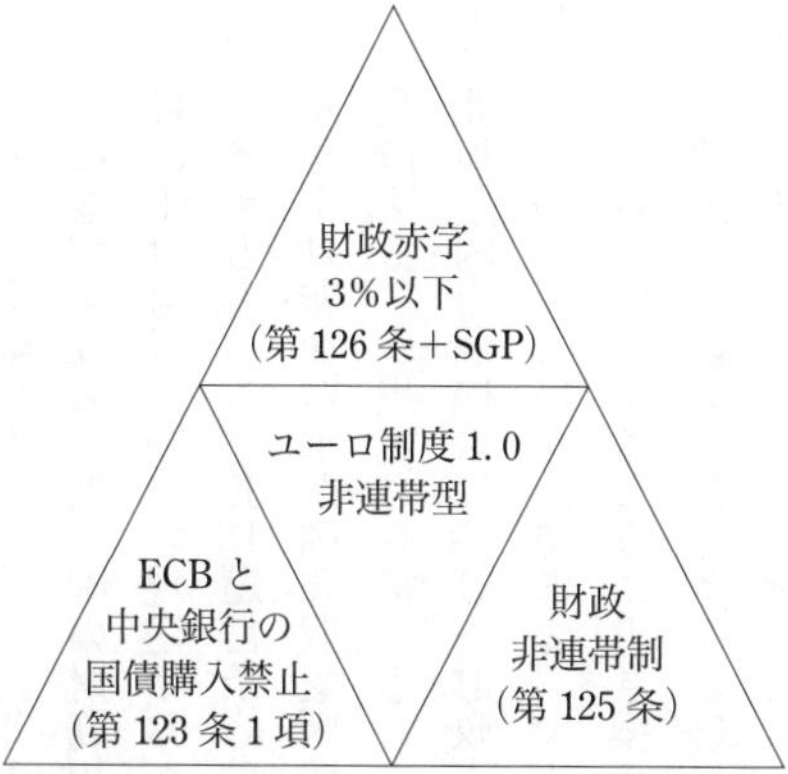

出所：筆者作成

図Ⅱ-1　ユーロ1.0――非連帯型通貨同盟

「非救済条項」をめぐる議論

自己責任原則と非救済条項をセットにして突き詰めていくと、過大な財政赤字を出した国は市場で国債を発行できなくなり（投資家が買わないため）、危機に陥る場合、当該国は自己責任でユーロ圏を離脱すべきだ、という結論になりそうである。実際にも、二〇一〇年春のユーロ圏財務相会合でドイツのショイブレ財務相はギリシャに離脱を勧め、他の国の財務相からたしなめられたという話も伝わっている。だが、条約にはユーロ離脱に関する規定はおかれていない。

別の考え方もある。EU運営条約には奇妙に思える第一四三条が存在するからである。そこでは、ユーロ非加盟国が国際収支困難に陥った場合には、EUの中期金融支援を用いて、当該国を救済する、と規定されている。この相互支援はローマ条約以来のものである。問題は、ユーロ非加盟国の危機にはEUの財政支援が行われるのに、ユーロ加盟国はなぜそこから排除されているのか、という点である。マーストリヒト条約の交渉中にこの支援条項は通貨同盟非加盟国にのみ当てはまるように書き換えられた。

その理由は、通貨統合に関する最初のEC公式文書ウェルナー報告(一九七〇年)で、「通貨同盟内部では、一国内の地方間と同じように、もはや国際収支問題は起きない」と規定された(前著三九頁参照)ことによる。マーストリヒト条約の交渉時にも「共通通貨圏に国際収支問題は起きない」のは自明と考えられていて、相互支援は必要ないと判断され、第一四三条から通貨同盟加盟国が外されたのである。

リーマン・ショックの波及によってハンガリー、ラトビアなど東欧のユーロ非加盟諸国が二〇〇八年秋以降、国際収支危機に陥った際には、直ちにEUの財政支援を受けたのに、一〇年春のギリシャ危機の際には、支援の基盤となる法的根拠がEU運営条約にないことが理由の一つとされて、支援制度の構築までに長時間を要した。投資家の危機感は高まり、金融パニックへと発展したのである。

平常時に限定されたECBの権限

条約はECBに平時の権限のみを与え、危機時の権限はすべてユーロ加盟国の当局が保有することとした。

ECBの権限は、①金融政策（金利政策を中心とする諸政策）、②決済システムの運営、③外国為替市場への介入、④外貨準備の保有と管理、の四つである（EU運営条約第一二七条二項）。いずれも平時に中央銀行が行う権限である。危機への対応はユーロ加盟各国の「当局」に委ねられ、ECBはその円滑な活動に「貢献する」（同第一二七条五項）、つまり、危機対応は各国当局の権限で、ECBは要請があれば手助けするという位置づけだった。

危機対応を担当する加盟国の「当局」とは、財務省、金融庁、国によっては中央銀行、その他独自の「当局」などであり、ユーロ加盟国ごとに形が違っていた。短期間で共通の制度に収斂させるのは困難であった。しかし、だからといってECBに危機対策の権限を与えないということにはならないはずである。金融グローバル化は始まっており、金融機関の国境を越える活動は強化されていたので、ＥＣＢに銀行監督や危機対策の権限を与える選択肢はあったはずだ。

だが、ＥＣＢという超国家機関への権限委譲にはＥＵ各国に警戒感があった。とりわけイギリスは、ロンドン・シティへのＥＣＢの干渉を嫌がり、危機対応へのＥＣＢ権限に原則的に反対した。ドイツも国家主権にこだわってイギリスと共同歩調をとった。ラテン系の国には国家と大銀行の相互依存が強く(後述)、ＥＣＢへの監督権限委譲には抵抗があった。こうして現行の条約規定となったのだ。ただし、ＥＵ運営条約第一二七条六項には、ＥＵのすべての国が賛成すれば、ＥＣＢに金融機関(保険分野を除く)の監督権限を与えることができるとの規定がある。これが当時のぎりぎりの妥協点だったのであろう。

各国の銀行監督機構は国境を越える資本移動に対応できなかった。ＥＵ単一金融市場では、銀行の海外支店の監督は本社のある国の監督当局が管理する「母国監督制」がとられていた。この制度は国際的に一九七〇年代に導入されており、ＥＵも単一市場統合で取り入れた。だがグローバル金融資本主義の時代のユーロ圏では有効性を失っていた。多国籍銀行の監督には当局の「カレッジ制」が一部で採用され、期待されていた。たとえば、ベルギーとオランダにまたがる多国籍銀行の監督にはベルギーとオランダの監督当局が共同で「カレッジ」を形成し、恒常的に接触して、情報交換し、危機対応について話し合っていたはずであった。しかし、肝心の危機の際に情報交換はなされず、危機の予防にも管理にも役に立たなかった。

条約がＥＣＢに銀行監督（危機の予防）や危機管理・危機克服の権限を与えなかったために、ＥＣＢの活動は制約され、ユーロ危機長期化・激化の一因となった。

2　国債購入禁止の問題点

中央銀行の「最後の貸し手」機能について

中央銀行には「最後の貸し手」（ＬＬＲ：Lender of Last Resort）という重要な機能がある。一八六〇年代にイギリスのウォルター・バジョットが、この機能の重要性を説いた。

銀行は当座預金や短期預金を債務として保有し、長期の貸出を行うので、本来的に流動性リスク（一時的な現金不足のリスク）に対して脆弱である。ある銀行のバランスシートは健全で経営に問題はない場合、「ソルベンシー」（solvency）は良好という。したがって、支払い能力はあるのだが、それでも一時的に現金が足りない事態に陥ることがある。その場合、当該銀行が金融市場から資金調達できなければ（他の銀行からの借入ができないなら）、銀行取付（bank run）が起きるかもしれない。そうならないように、中央銀行が出動して、当該銀行に流動性（現金）を供給し、その銀行を危機から救い出す。それを通じて金融システムの安全性を維持するのである。

これが中央銀行の「最後の貸し手」の古典的なケースである。

一九八七年一〇月一九日、ニューヨーク株式市場で株価が暴落した。ダウ三〇種平均株価の下落は五〇八ドル、下落率二二・六％と史上最大規模で、「ブラック・マンデー」と呼ばれた（一九二九年大恐慌の「暗黒の木曜日」の下げ幅は一二・八％）。金融市場は大混乱に陥った。証券の投げ売り（market run）を防止するため、米国連邦準備制度理事会（FRB）は関係する金融機関に巨額の融資を行って、金融市場の崩壊を起こさなかった。これは特定の銀行を救済する古典的な「最後の貸し手」ではなく、金融市場全体の動きを考慮した行動であった。それも「最後の貸し手」機能に含まれると考えられるようになった。サブプライム危機以降、こうした中央銀行の資金供給は繰り返し行われるようになった。このケースを日本銀行は「最後のマーケット・メーカー」と表現している。マーケット・メーカーとは市場に買い手がいないとき自ら買い手となって市場機能を維持する金融機関のことであって、「最後の」とは、民間金融機関がその役割を果たせない場合、その役割を中央銀行が担う、という意味である。

便宜上、本書では、古典的なケースを「最後の貸し手」機能①、金融市場対象のケースを同機能②と呼ぶことにする。

第二次大戦後、新興国・途上国の政府が財政赤字と国際収支危機によって、投資家の国債投げ売りにあい、危機に陥るケースは一九九四年のメキシコの例のようにそれほど珍しくはなかったが、二一世紀に入ると、リーマン危機やユーロ危機によって、戦後デフォルトの例のなかった先進国までがソブリン危機に陥るようになった。二〇一〇年春のギリシャ危機や翌年のスペイン・イタリア危機のように、国債を巨額に保有する投資家の一斉投げ売り(sovereign run)によるものである。その場合、中央銀行が投げ売りに立ち向かって国債を無制限に購入することによって、危機からの救済が可能である。金融自由化・グローバル化による中央銀行の新しい任務であった。このケースは「最後の貸し手」機能③と呼ぶことにしよう。

ユーロ危機ではソブリン危機への対応が主柱であったにもかかわらず、条約はこの機能③を禁止していたのである。まさに致命的な欠陥であった。

国債直接購入禁止の致命的影響

I章で説明したように、ECBはギリシャ危機の二〇一〇年五月上旬からギリシャ国債の買い取りを開始し、アイルランドとポルトガルについても実施、取得額は一〇年末までに約七〇〇億ユーロであった(証券市場プログラム、SMP)。その後一時停止状態だったが、第二波の危機が激化した一一年八月初めからスペインとイタリアの国債購入を開始し、一一年末には約二一〇〇億ユーロに達した。

二〇一三年二月、ECBが一二年末に保有する各国国債の残高が発表された。概数を示すと、最大はイタリアで一〇三〇億ユーロ、スペインが四四〇億ユーロ、小国の中ではギリシャが最大で三四〇億ユーロ、以下ポルトガル二三〇億ユーロ、アイルランド一四〇億ユーロであった。小国危機では金融市場の沈静化に一定の役割を果たし、金融市場から高い評価を得たが、危機の第二波でのスペイン、イタリア国債の投機売りに対抗するには購入規模が小さすぎ、効果がなかった。

メルケル独首相、ドイツ連銀、ドイツ世論が条約の規定を楯にとって国債購入に反対したことも、その効果を妨げたと思われる。メルケル首相は第二波の危機の最中、二〇一一年一〇月に危機国の国債購入反対を公言した。ドイツ連銀総裁も国債購入への批判を繰り返した。

「最後の貸し手」機能をECBが十全に発揮できていれば、第二波のスペインとイタリアの危機は防止できたかもしれない。たとえば、イギリスはリーマン危機の一つの震源地であり、銀行救済のために財政赤字は二〇〇九年GDP比二桁へと悪化した。しかし、イングランド銀行は、政府の大胆な銀行救済と歩調を合わせて、国債の大規模購入に乗り出し、〇九年半ばまでに危機を沈静化させた。政府の銀行救済は大規模でイギリスの納税者に大きな負担を負わせるものであり、世論の評判ははなはだ悪く、労働党政権の総選挙での敗北につながった。だが、金融危機の押さえ込みには、政府と中央銀行の大胆な行動と連携が非常に有効であった。

そのイギリスとスペインの財政状況を比較すると、リーマン危機からユーロ危機の第二波に至る時期の財政赤字状況はほぼぴったり一致し、政府債務はスペインの方が良好であった（図Ⅱ-2）。イギリスでは中央銀行が「最後の貸し手」機能②と③を果たすという了解が金融市場にあったので、二〇〇九年半ば以降金融パニックは起きず、イングランド銀行の低金利政策と量的緩和策（QE）のおかげで超低金利を享受でき、一三年以降の景気回復につながった。他方、スペイン経済はユーロ危機の第二波、第三波と一時七％を超える金利により大打撃を受け、二年を超える不況と二五％を超える失業へと追い込まれた。

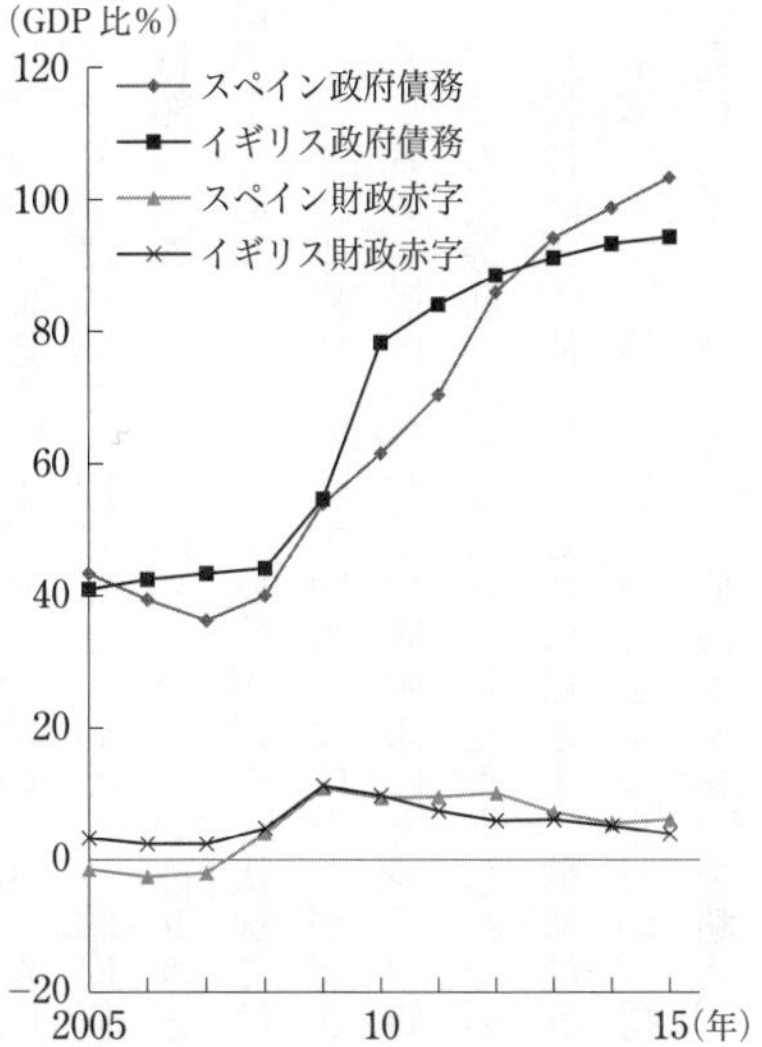

出所：欧州委員会統計より作成

図Ⅱ-2　財政赤字と政府債務の推移（スペインとイギリス）

ＥＣＢが危機国国債の「無制限の国債購入」を、二〇一二年七月（ドラギ演説）ではなく一年早く宣言してスペインを支えていれば、第二波の危機は夏の間に収拾に向かい、ユーロ危機の展開やポスト・ユーロ危機の経済状況はまったく違ったものとなったであろう。ここに、ＥＣＢの「最後の貸し手」機能③を制限したEU運営条約の問題点が映し出されている。

イタリアについても同じことがいえる。政府債務が大きかったために、借換えを含めて国債発行額は大きかった。しかし、財政赤字は非常に小さく、基礎的収支(プライマリー・バランス)は黒字であって、ソブリン危機が起きる状況ではなかった。経常収支も悪くなかった。それでも二〇一一年夏にイタリア国債の投げ売りが起きて、急激にソブリン危機に陥った。

ECBが「最後の貸し手」機能③によって国債の無制限購入を行うと宣言していれば、イタリアでも投機筋の攻撃は避けられたかもしれない。だが、ECBは証券市場プログラムにより小規模に両国国債を購入したに過ぎず、危機沈静化の効果はなかった。イタリア政府はソブリン危機の中で国債の大規模発行を実施したが、将来の利払いの不安などがかきたてられ、国債の発行利子は一時七%の「危機ライン」を超え、ソブリン危機の激化を止められない政権は崩壊へと追いやられたのである。

3 ECBの危機国支援はどのように行われたのか

「トロイカ」による支援の限界とECBの出動

I章2で説明したように、EU・ユーロ圏・IMFの「トロイカ」の支援ではユーロ圏を危機から救い出すことはできなかった。二〇一一年秋に、「メルコジ」主導の危機対応は限界を露呈した。ギリシャとイタリアの首相は退陣、内閣は崩壊して、実務家内閣が両国の懸案に立ち向かったが、ユーロ圏全体として対応を進めることはもはやできなくなっていた。

ユーロ危機の第二波はECBの長期低利の資金供給VLTROによって沈静化した（第一の「ドラギ・マジック」）。危機の第三波はドラギ総裁のロンドン演説と新規国債購入措置（OMT）採択によって沈静化した。ECBはどのようにして南欧危機国を支援したのか。もう少し詳しく検証しておこう。

ECBはユーロ圏中央銀行制度全体を代表する機関である。下部に各国中央銀行があり、ECBの決定を実施する。このユーロ圏中央銀行制度（ユーロシステム）をECBと呼ぶのが慣例である。だが、貨幣論・金融論の専門家の一部は、普通の国の中央銀行制度と比較して、ECBは落第級であるとか、上部機関のECBは「粉飾された中央銀行」で「本当の中央銀行ではない」というような批判をする。そうした「機能不全の中央銀行制度」なのでユーロ崩壊は避けられない、というように議論は展開した。

ユーロ圏中央銀行制度はユーロ圏各国の中央銀行を基盤にしており、非常に分権色の強い制度である。二〇に近い主権国家を束ねて共通通貨を史上初めて運営しており、その中央銀行制度が多くの問題を抱えているのは事実だ。しかし、ユーロ危機の克服に決定的な役割を果たした。そうした役割を果たすことによって、ＥＣＢは強化され、ドイツ連銀の反対を幾度も押し切って、画期的な方策を打ち出していった。「粉飾された中央銀行」にできることではない。ＥＣＢは今ではＦＲＢに次いで世界で二番目に注目される中央銀行といっても過大評価ではないだろう。

本節では、先に紹介した貨幣論・金融論の専門家の見方とは反対に、ＥＣＢこそがユーロ崩壊を防いだ、ということを明らかにしたいと思う。

ユーロ危機による中央銀行制度の強化

フランクフルト所在のＥＣＢはユーロ圏の中央銀行制度の上部機構であり、決定機関であって、中央銀行券の発券や民間銀行との資金取引を担当するのは各国中央銀行である。だが、ユーロ紙幣に真正の証しとなるＥＣＢ総裁の署名があるように、各国中央銀行は上部機関ＥＣＢの指示に従う。上部機関のＥＣＢだけをとってユーロ中央銀行制度というのは誤りである。

本書では、とくに断らない限り、ユーロ圏の中央銀行制度全体をＥＣＢと表示するジャーナリズムの慣例に従っている。その意味でのＥＣＢについても、ユーロ圏各国中央銀行の単なる「協議機関」にすぎない、というような評価がかつてあり、ユーロ危機を経てなおその評価を堅持している専門家も少なくない。だが、新規国債購入措置（ＯＭＴ）や証券市場プログラム（Ｓ

MP)では、ドイツ連銀の反対票があったにもかかわらず、政策理事会は多数決で採択した。「協議機関」であれば、ユーロ圏で最有力のドイツ連銀の意向に反するなどできないはずだ。第一代ドイセンベルク総裁の約五年間には、「協議機関」的な面があった。しかし、厳しいユーロ危機の中でECBは鍛えられ、依然問題点を残すものの、世界第二位の経済規模のユーロ圏にふさわしい中央銀行制度へと脱皮を遂げたと考える方が真実に近いのではないだろうか。もっとも、それはドラギ総裁の能力と個性に支えられている面もあり、手放しで評価するのは問題があるかもしれない。

ECBのバランスシートに見る危機対応

危機に対してECBがどのように行動したかを捉えるには、ECBのバランスシートの資産側を見るのが便利な方法だ。図Ⅱ-3は、ECBがユーロ圏内部での民間銀行に対して実施した公開市場操作(通称「オペレーション」または「オペ」)の動きを中心に、市場への流動性供給の状況を一九九九年から二〇一五年夏まで見ている。つまり、市場にどれだけ現金を供給したのかを示していると思っていただければよい。図のピークの総額は約一兆六〇〇〇億ユーロだが、図で省いた「金準備」、「外貨準備」などの資産を加えると、総合計のピークは約三兆ユーロであった。

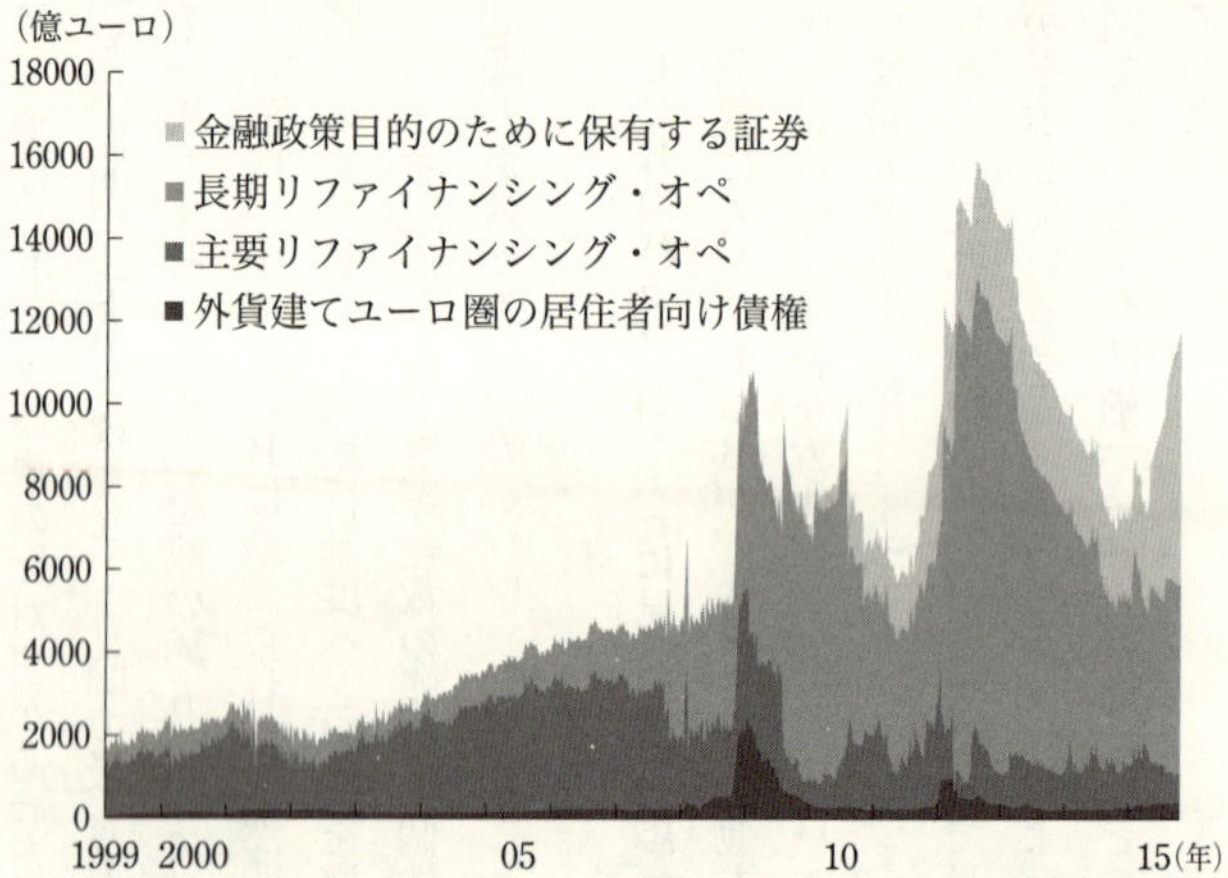

注：「長期リファイナンシング・オペ」はLTRO，VLTRO，TLTRO(後述)を含む．「金融政策目的のための証券」はSMP，CBPPなどのほか，量的緩和策(QE)を含む．本文を参照のこと

出所：ECB統計より作成

図Ⅱ-3　ECBの流動性供給の推移

先にも指摘したように、ＥＣＢは決定機関であってその取引規模は非常に小さく、ここに示されているバランスシートのほとんどは、各国中央銀行のそれを合計したものである。各国中銀のバランスシートを連結ベースで表したものである。

二〇〇七年以前には、満期一週間、週一回実施される主要リファイナンシング・オペ（ＭＲＯ：Main Refinancing Operations）が最大のシェアを占めた。これは、民間銀行が提供する公債や民間債券などを担保に、中央銀行が資金を供給する方式であって、レポ取引ともいわれる。実際には各国中央銀行が自国所在の民間銀行（外国銀行の子会社のケースもある）を相手に一斉にオペを実施する。適格担保（国債など）はあらかじめ決められている。

次いで、長期リファイナンシング・オペ、つまりLTRO（三〇頁参照）、そしてシェアの低い「外貨建て債権」との三本立てであった。

一九九九年のユーロの出発時点では、この三項目の合計は約二〇〇〇億ユーロ、それが徐々に増大し、二〇〇七年初めに五〇〇〇億ユーロになった。シェアはほとんど変化しなかったところが、〇七年後半サブプライム危機がヨーロッパに波及した頃からLTROのシェアが高くなった。エルトロの期間は〇九年から六カ月、一年へと延長された。

また銀行が適格担保を差し出しさえすれば、銀行が希望するだけの額を自動的に供給する満額割当方式（FA［Full Allotment］方式）が二〇〇八年一〇月に採用された。危機対応策の一環であった。

リーマン・ショックで流動性供給は一気に倍増、一兆ユーロを超えた。危機により相手銀行が返済できなくなることを恐れて、民間銀行が相互に貸出を行わないので、中央銀行が市場に不足する資金を金融機関に供給したのである。中央銀行の「最後の貸し手」機能②であった。

二〇一〇年五月から「金融政策目的のために保有する証券」が新たに加わった。I章で指摘したギリシャ国債の購入、つまり証券市場プログラム（SMP）、さらに銀行からリスクのほとんどない抵当付き社債（カバードボンド）を購入するカバードボンド購入プログラム（CBPP）などである。一一年末から翌年半ばにかけて流動性供給額が急騰しているが、これはI章で指摘したVLTROによるものである。

なお、シェアが落ちたとはいえ、満期一週間の主要オペは危機時には鋭く尖っていて、緊急に流動性供給を増やす役割を担ったことが図から読み取れる。

「グローバルな最後の貸し手」

ECBの「外貨建てユーロ圏の居住者向け債権」（図II-3の一番下）がリーマン危機勃発時に二五〇〇億ユーロ近くまで跳ね上がった。これは実際には銀行向けドル資金供給だった。

サブプライム危機が起きると、米国の金融機関はドル資金の貸出を絞り込んだので、資金調達が困難になった。米国ではFRBがドル資金を供給したが、イギリスやユーロ圏ではドル資金調達の民間ルートが危機のため機能しなくなり、外貨ドルに「最後の貸し手」が必要になった。金融グローバル化によって「外貨の最後の貸し手」の役割を中央銀行が果たさなければならなくなったのである。これを「最後の貸し手」機能④と呼ぶことにする。

この機能④の基軸になったのは基軸通貨ドルを供給するFRBである。FRBは当初、ECB、イングランド銀行、スイス国立銀行の三中央銀行と通貨スワップ協定を結んで、ドル資金

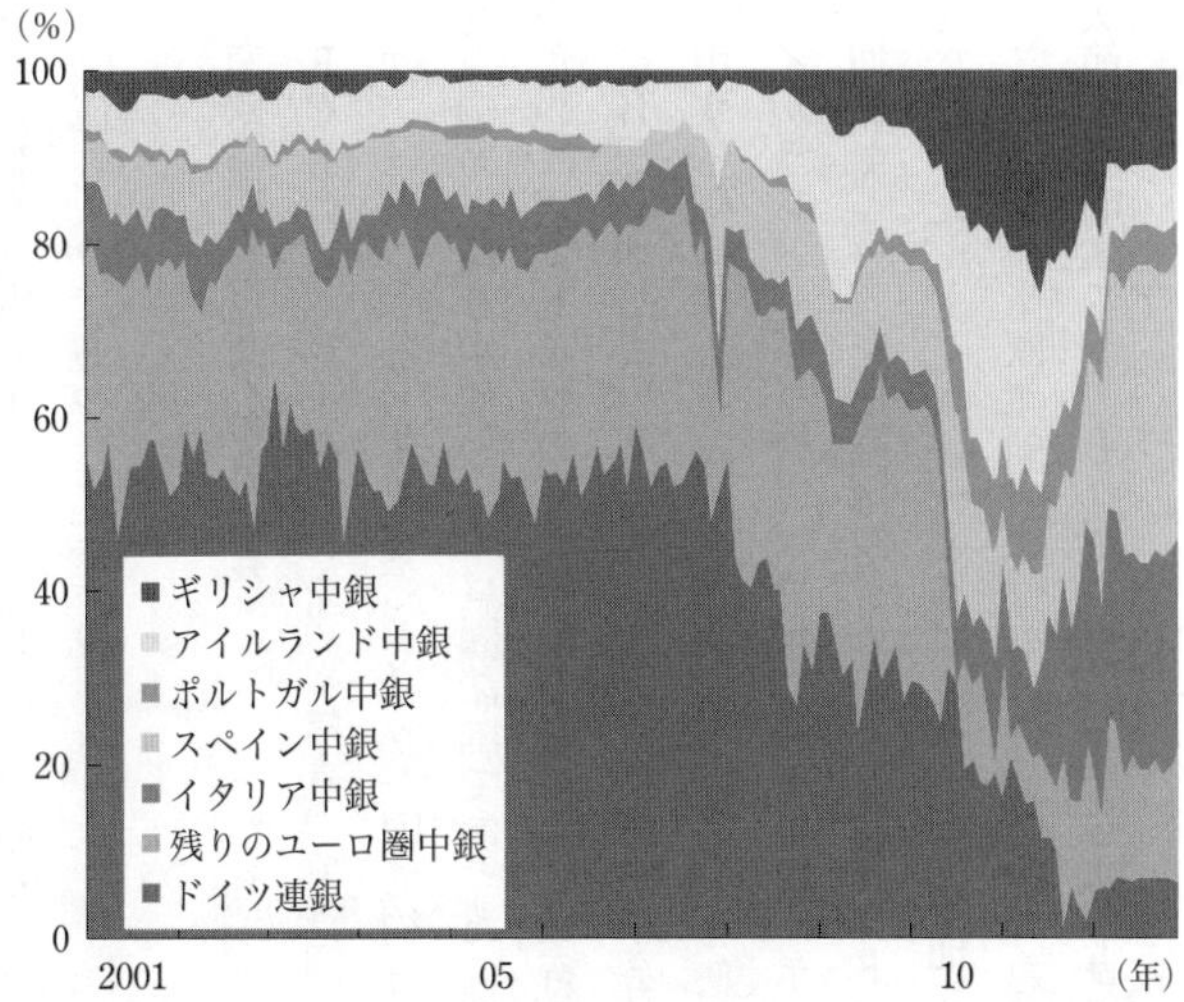

出所：ECB スタッフ・Cour-Thimann の論文[2013]より

図Ⅱ-4　ECB のユーロ圏銀行への資金供給(オペ)に占める南欧諸国のシェアの増大

を供給した。スワップ協定は外貨持ち合い協定であって、ＦＲＢはユーロやポンドを受け取り、見返りにドルを供与する。やがて日本やカナダなどを含めて六カ国に拡大され、さらに若干の新興国へも拡大された。ＦＲＢは最大残高八〇〇〇億ドルを供与し、「世界の中央銀行」として働いた。

西欧の大銀行のドル資金調達の困難はユーロ危機の第二波末期の二〇一一年末から一二年初めにかけて再び高まった。新興国が欧州大銀行に預託していたドル預金を大規模に引き下ろしたので、ＥＣＢがＥＲＢとの通貨スワップを活用して、緊急にドル資金を域内の銀行に供給したのである。この時のＥＣＢの外貨債権保有のピークは約一〇〇〇億ユーロであった（Ⅰ章で説明）。

南欧諸国のシェアの急上昇

ＥＣＢのオペレーション（オペ）によって各国の銀行は中央銀行から資金を獲得するが、そのシェアは、二〇〇七年まで、ドイツ一国で約五〇〜六〇％、南欧五カ国（アイルランドを含む）で約二〇％、残りが他のユーロ圏諸国であった（図Ⅱ-4）。ドイツの銀行が六〇％ものシェアを占めたのは、①ドイツの経済規模との対比で銀行の数も資産規模も大きい、②フランクフルトにＥＣＢが立地している関係で多くの外銀が子会社を置いている、③ドイツ人は銀行券を大量に使用する傾向がある（バカンスなどでの外国での使用を含む）、などによる。ところが、〇八年からアイルランド、ギリシャ、やがてスペイン、ポルトガルが増加し、一一年からイタリアが急激に増えて、一〇年以降南欧五カ国（アイルランドを含む）で約七〇％、一一年には八〇％に届くほどになった。ドイツは一〇％以下へ、「その他ユーロ圏」も縮小した。

このような南欧諸国の銀行への資金供給の急増はユーロ圏の決済システムと結びついている。次節で説明するが、それによって、なぜユーロ崩壊が避けられたかも明らかになるであろう。

4　ユーロはなぜ崩壊しなかったのか

ユーロ圏の決済システム・ターゲット2とその「バランス」

近代的銀行制度では、非銀行(個人や企業など)の間の支払いは銀行間の口座振替により行われる。個人や企業は取引銀行の口座に預金をおき、その振替によって支払いを行う。

銀行は自国中央銀行に口座をもっていて、そこに預金をおき、その中央銀行預金振替によって他の銀行への支払いを行う。中央銀行が「銀行の銀行」といわれるのはこのためである。中央銀行口座間の資金振替は現金支払いと同等であり、それによって決済は完了する。企業間の大口支払いなども銀行間の中央銀行口座振替によって決済されている。

このような中央銀行を介した「決済(ペイメント)システム」が国民的決済の基軸であり、各国の決済総額の非常に大きな部分を占める。ユーロ圏ではユーロによる決済システムを導入した。TARGET(ターゲット。欧州内即時グロス決済システム)と呼ばれ、国内決済には「国内ターゲット」、ユーロ圏諸国の間の国際決済には「クロスボーダー・ターゲット」が使用される。初代ターゲットには規格が国ごとにバラバラとか料金が高いとかいろいろ問題があったので、第二代ターゲットが二〇〇八年に導入され、ターゲット2《ツー》(TARGET2)と呼ばれ、今日も使用されている(前著III章3を参照)。

ターゲット2による銀行間の送金は、民間銀行・各国中央銀行・ECB(上部機関)の三層構成になっている(図II-5)。

スペインのS銀行が(たとえば預金者の指示を受けて)国境を越えてドイツのD銀行に一〇〇万ユーロを送金する場合には、スペイン中銀に置かれたS銀行の口座から一〇〇万ユーロが引き落とされ(S銀行がスペイン中銀に保有する預金が一〇〇万ユーロ減少)、ドイツの中央銀行(ドイツ連銀)におかれたD銀行の口座に振り込まれる(D銀行がドイツ連銀に保有する預金が一〇〇万ユーロ増加)。ターゲット2の決済処理は「単一共有プラットフォーム」(SSP: Single Shared Platform)によって集中的に処理される。S銀行がD銀行に送金すると、SSPを通じて処理され、自動的にドイツ連銀のD銀行口座に振り込まれる。

この場合、ドイツ連銀はD銀行の口座に一〇〇万ユーロを振り込んだが、スペイン中銀から一〇〇万ユーロを受け取っていない。したがって、ドイツ連銀とスペイン中銀の間には一〇〇万ユーロの債権・債務関係が形成される。しかし、規定に従って、その営業日の終了時に、そ

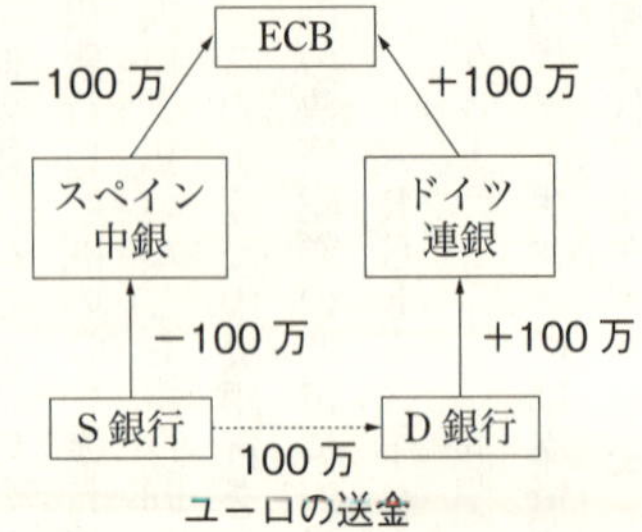

出所：筆者作成

図II-5　ターゲット2の仕組み

の債権・債務関係は、両中銀とECBとの関係に振り替えられ、「ターゲット2バランス」が生じる。つまり、ドイツ連銀はECBに対して一〇〇万ユーロの債権をもち、スペイン中銀はECBに対して同額の債務をもつ、という形になるのである(図II-5参照)。

ユーロ圏の多数の中央銀行の間でそうした債権・債務関係が無数に形成されているので、ECBに対する債権・債務の形でネット額が計算され、営業日終了時にユーロ圏のすべての国の中央銀行とECBの間にユーロ圏を総合した「ターゲット2バランス」が形成される。

金融市場の分断

この送金の例では、スペインでマネーサプライが減り、ドイツでは増大する。資金流出のスペインでは短期金利は上昇し、流入したドイツで下落する。ドイツの銀行はスペインに融資すれば利ざやを獲得できるので、ドイツからスペインへ反対向きの銀行資金の移動が生じて金利は均衡する。このように銀行間市場の自己調整作用によってユーロ金融市場の統一性が維持されるのである。平時であれば、ユーロ圏諸国の金融市場の短期金利は同レベルに保たれる。そして、ターゲット2バランスも均衡へと戻る。実際にも、「パリバ・ショック」の起きる二〇〇七年八月以前はそうなっていた。

金融危機はこの調整作用を阻害し、ついには麻痺させた。スペインの短期金利が上昇してもドイツの銀行がリスクを恐れて融資しなければ、両国の金利格差は固定し、金融市場は国境で分断される。ユーロ圏の銀行間市場が機能しなくなったのである。

危機国(ここではスペイン)の民間銀行からターゲット2を通じて資金がドイツへ流出したが、ドイツからの資金流入は起きない。したがって、スペインの銀行は資金調達に困難をきたし、スペイン中銀に担保を差し出して資金を調達する。上述した満額割当制(FA方式)の下では、この融資は自動的に実施される。つまり、スペインのS銀行から資金がドイツに一〇〇万ユーロ流出すると、スペイン中銀はECB債務が一〇〇万ユーロ増えるが、また同額の資金をS銀行に供給するのである。

ターゲット2バランスの拡大

南欧の危機国はリーマン危機からユーロ危機の期間に、経常収支赤字を続け、また資本収支も外資流出によって赤字となったので、資金の対外流出が継続した。金融市場は分断されているので、以上の説明から分かるように、ドイツのターゲット2債権と南欧諸国の中央銀行のターゲット2債務は増大し続けた。

南欧諸国の銀行の資金不足に対して、FA方式のオペにより中央銀行から自国の民間銀行へ次々に資金が供給され、それは、ターゲット2債務の増大と歩調を合わせて増大した。こうして、図Ⅱ-4のように、ECBの流動性供給に占める南欧諸国銀行のシェアが八〇%に達し、反対に民間資金が流入するので民間銀行が中央銀行からの資金供給を必要としないドイツで一〇%を切るというような事態になったのである。

ターゲット2バランスの総額を見ると、二〇〇七年夏から緩やかに膨張を始め、リーマン危機で大きく増えた後、〇九年やや縮小したが、ギリシャ危機の一〇年から再び増大して、年末に四〇〇〇億ユーロ、ユーロ危機の第二波で急騰し一一年末には八〇〇〇億ユーロへと一年間で倍増した。ユーロ危機第三波でさらに急騰し、一二年八月のピークでは約一兆一〇〇〇億ユーロに達した。その後、ユーロ危機の沈静化とともに縮小したが、一五年、ギリシャの反乱により、若干再拡大している。

図Ⅱ-6で国別に見ると、ターゲット2バランスの債権側でドイツが断然大きく、ピーク時には七五〇〇億ユーロ、次いでルクセンブルク、ピーク時点の債務側ではスペインが約四五〇〇億ユーロと最大、イタリア三〇〇〇億ユーロ、ギリシャ、ポルトガル、アイルランドと続いた。図示していないが、オランダはピークで一〇〇〇億ユーロ強、次いでフィンランドが債権国であったが、二〇一四年、ほぼゼロ近辺へ縮小し、またフランスは一貫して債務国であった。

図から分かるように、イタリアの動きは独特で、一一年まで債権側だったが、一一年途中で債務側に転じ、急激に債務が拡大した。二一世紀初頭、イタリアの成長率は低かったが、財政赤字は小さく、外国銀行をはじめ対内直接投資も大きく、他のユーロ圏諸国から銀行を通じての資金流入が大きかったのである。ユーロ危機の第二波の中で急激に資本流出国に落ちていった。スペインと並び、今日なお最大のターゲット2債務を抱える。なお、ターゲット2債権と債務にはＥＣＢの政策金利に等しい金利がかかる。

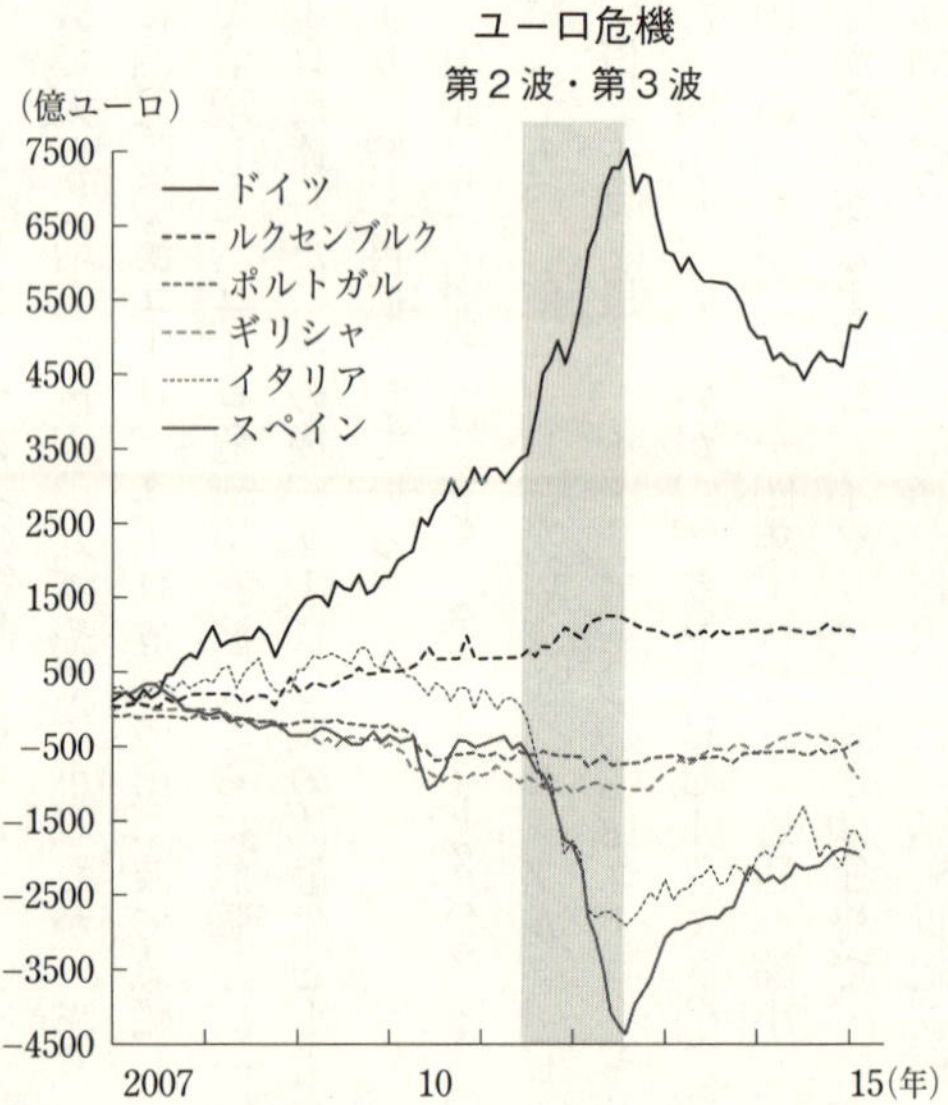

出所：Euro Crisis Monitor

図Ⅱ-6　国別のターゲット2バランスの推移

図Ⅱ-6を見て、「ドイツは大変だな。債務国がユーロから離脱すると、ドイツの負担は巨額になるね」と思う方もいるかもしれない。しかし、ドイツの債権は特定国に対するものではなく、ＥＣＢに対する債権だ。それが戻らないケースでは、ユーロ圏諸国の中央銀行は連帯責任を負う。仮の話だが、ギリシャ中銀がターゲット2債務を支払えなくなったとする。その場合、他の諸国の中央銀行は、ＥＣＢに払い込んだ資金シェアに応じて負担する。ドイツ二七％、フランス二〇％、などなどである。

ユーロ危機の沈静化と並行して、ターゲット2バランスはかなり大きく改善したが、依然かなりの規模で維持されている。ユーロ圏の銀行間市場はまだ完全に正常化されていないのである。南欧諸国では超一流あるいは一流の信用力の高い大銀行については銀行間市場での資金取り入れは可能になっているが、他の多くの銀行は銀行間市場に参加できず、ＥＣＢ（実際には自国中央銀行）による資金供給に依然として依存している。ユーロ圏金融市場の分断は、南欧諸国の銀行貸出金利を高めて、景気回復を阻害している。

5　「ユーロ崩壊」について

「ユーロ崩壊」論とユーロ制度

「ユーロ崩壊」論を唱えたエコノミストの議論を聴くと、しばしばユーロ圏を為替レート変更のできない固定相場圏と同一視している。そのため、地域的な固定相場制の崩壊との類推で、ユーロ崩壊を考える傾向が強いようだ。だが、ユーロ圏は共通通貨圏であり、ＥＣＢが圏域の防御にあたっているのである。ユーロ崩壊論については、前著の終章4「ユーロは崩壊しない」において紹介し、批判もしておいた。ここでは、危機国の国際収支バランスに対するECBの働きをつけ加えておこう。

グローバル金融資本主義の時代の通貨・経済危機は外国資本の流入によるバブル形成とバブル破裂（バスト）による資本の逆流出によって引き起こされる。バブル・バスト・プロセスと呼ばれている。

たとえば、東アジア通貨危機のタイをとろう。タイは他の東アジア諸国と同じように事実上対ドル固定制を維持していた。危機前年の一九九六年に経常収支赤字はGDP比約八％、資本収支黒字が同じく八％であった。しかし、株価・不動産バブルの破裂により外国資本が急激に流出し、九七年七月タイ・バーツが暴落した。外国資本の急激な流出は続き、翌九八年資本収支はGDP比一〇％もの赤字に転じた。二年間でGDP比一八％もの資本移動のスイングが起きたのである。銀行システムは崩壊し、九八年タイのGDPは一〇・八％も下落した。同年内需（消費、投資、政府支出の合計）は前年比二三・八％も落ち込んだが、この内需の崩壊による輸入の急減を通じて経常収支はGDP比一二・八％の黒字に転換した。

リーマン危機・ユーロ危機における南欧五カ国の経常収支・資本収支の動向はタイと対照的である。図Ⅱ‐7では南欧五カ国を合計して、上半分に資本収支（黒字）、下半分に経常収支（赤字）の累積額（残高）が示されている。国際収支では経常収支赤字＝資本収支黒字、なので、上下

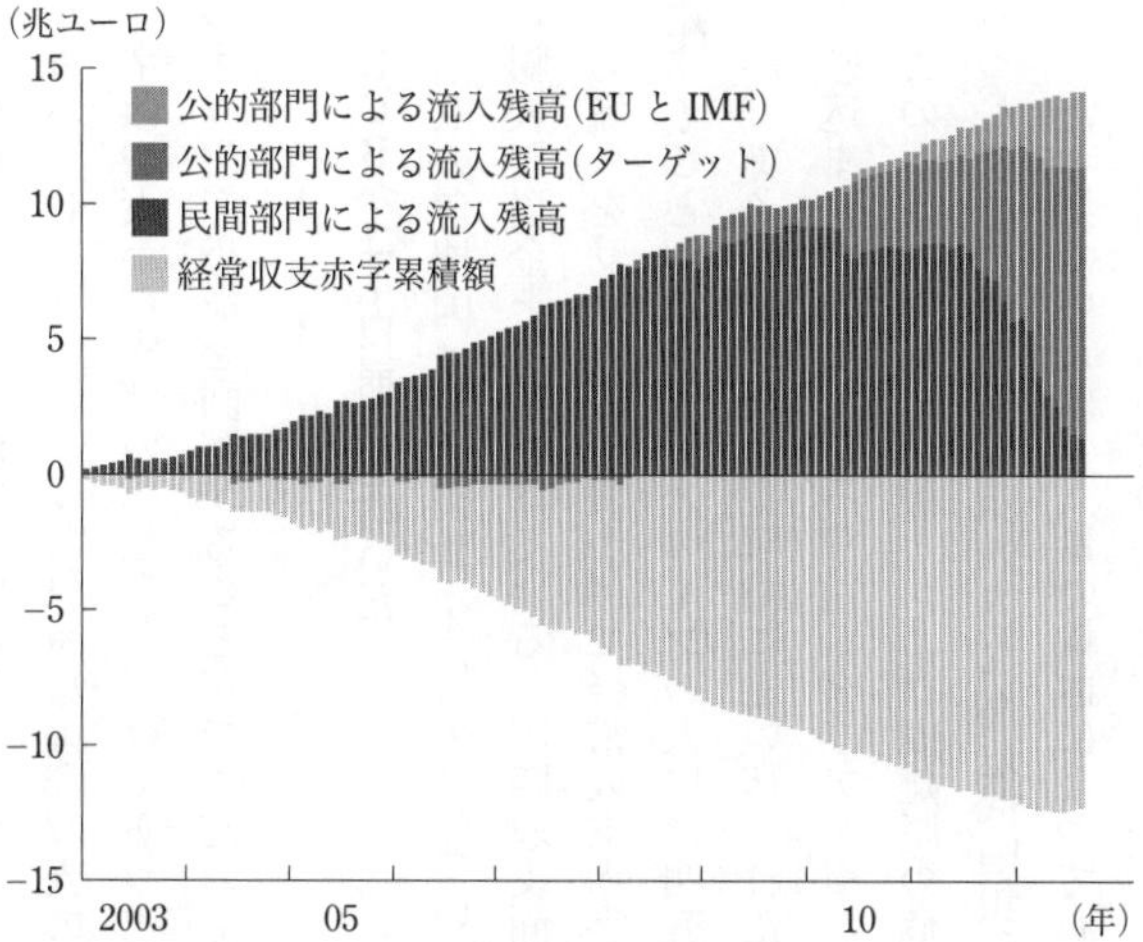

注:5カ国はギリシャ, アイルランド, イタリア, ポルトガル, スペイン
出所:EU 統計局, 欧州委員会, IMF, 各国中央銀行統計からイングランド銀行が計算

図 II-7 南欧危機5カ国への資本流入と経常収支(累積額)

対称になっている。

民間資本は二〇〇三年から〇八年まで南欧五カ国へ流入しつづけ、累積額はほぼ九〇〇〇億ユーロとなったが、それが〇八年から流出に転じた。リーマン危機時の流出は緩やかだが、ユーロ危機第二波の一一年後半から流出は急激となった。にもかかわらず、公的部門による資金流入が民間資本の流出をカバーして、危機国の経常収支赤字の継続を可能にしている。公的資本は、図のように、第一に「トロイカ」の三つの小国に対する財政支援(いわゆる「プログラム支援」)、第二はターゲットを通じての流入(ターゲット債務)であって、

量的にはこちらの方が圧倒的に大きかった。つまり、民間資本の急激な流出を公的資本の流入がカバーし、タイのような急激な国際収支の調整をしないで済んだ。それによって、経常収支赤字は増大から横ばいへ転じただけであった。南欧五カ国はしたがって激烈な生産の落ち込み、つまり生産恐慌を回避することができたのである。

ＥＣＢがユーロ崩壊を防いだ

南欧の危機国は前掲図Ⅱ-4に示されているように、ＥＣＢのオペにより自国の中央銀行から膨大な資金を供給されている。国際収支面ではターゲット2バランスにより危機国は公的資本の流入を受け、そのおかげで経常収支赤字を維持することができ、危機国の生産の崩壊も回避することができた。スペインの人口は四五〇〇万人、ＧＤＰ一兆ユーロである。そのスペインが、タイのような生産収縮に追い込まれたとすれば、ユーロ圏だけでなく世界が金融恐慌に巻き込まれていたであろう。イタリアが重なれば、手が付けられなかったかもしれない。

このように、経済崩壊とユーロ圏離脱の危機に直面した南欧危機国を救済したのはＥＣＢであった。ＥＣＢ（ユーロシステム）が危機国銀行の必要とする資金を供給して銀行破綻を阻止した。たとえていえば、大量の輸血によって心肺停止を阻止した。まさに連邦型の中央銀行制度がユーロ崩壊を防いだのである。

Ⅲ章　帝国型ユーロ制度への発展
――「ユーロ2・0」へ

銀行同盟の創設に合意したユーロ圏首脳会談ですれ違うECBのドラギ総裁(左)とドイツのメルケル首相．2012年6月29日，ベルギー・ブリュッセル(ロイター＝共同)

「ユーロ1・0」には危機への対策はセットされていなかったため、緊急・間に合わせの対応となったが、三波の危機を通じて制度改革が進んだ。経済不均衡への対応、財政支援機構の構築、銀行同盟による銀行監督と銀行破綻処理制度などである。ECBの対応力も飛躍的に高まった。いずれもユーロ圏レベルに権限が賦与されて、「ユーロ1・0」とは質的に異なる「ユーロ2・0」へと発展した。その最大の特徴は「非連帯型」「自己責任型」から「帝国型」への転換である。

改革はどのようなものなのか、帝国型とはどういう意味なのかについて説明していく。

1 「ユーロ1・0」の限界

ユーロ危機対策

ユーロ危機時の危機国支援は、①財政支援、②ECBの支援、③その他の支援(IMFを除く)、に分けることができる(表Ⅲ-1)。

財政支援は「非救済条項」(EU運営条約第一二五条)により行わないことになっていたが、支援しないと危機国はデフォルトし、「テールリスク」に金融市場は震撼させられ、ユーロ制度が深刻な危機に陥る。したがって、支援しないわけにはいかなかった。

ユーロ危機の第一波でのギリシャ支援は初のケースであり、「非救済条項」に配慮して、ユーロ加盟国が個々に双務的(バイラテラル)にギリシャを支援するスタイルをとったが、その後は欧州金融安定ファシリティ(EFSF)とEUがかねてから準備していた欧州金融安定化メカニズム(EFSM)を使って、アイルランド、ポルトガルを支援し、ギリシャも第二次支援は同じ形となった。EFSFは二〇一二年一〇月、恒久的な支援機構欧州安定メカニズム(ESM)に引き継がれた。

表Ⅲ-1　ユーロ危機における危機国支援(制度)の一覧

種　別	支援機構など	特　徴
1. 財政支援	①ユーロ加盟国双務支援 ②EFSM ③EFSF ④ESM(EFSF を継承)	ギリシャ第1次支援 EU の国際収支危機支援 3年期限の財政支援措置 恒久的財政支援機構
2. ECB	①SMP ②CBPP ③VLTRO ④OMT ⑤ターゲット2バランス	証券市場プログラム カバードボンド購入 3年超長期オペ 新規国債購入措置 隠れたショック吸収装置
3. その他	①PSI(民間債権カット)	ギリシャ政府債務カット

注：支援についてはⅠ章を参照
出所：筆者作成

ＥＦＳＦもＥＳＭもＥＵの機関ではなく、ユーロ圏加盟国の合意（ＥＳＭはＥＳＭ条約）によって構築されたので、ＥＵ運営条約違反にはならないのであろう。法の精神からいっても現実からいっても、第一二五条は破綻している。だが、ドイツには今日に至るまで第一二五条を金科玉条とし、ドイツ連邦憲法裁判所へ訴訟する動きが絶えない。「ドイツがカネを出さないで済む」ことがなによりも大事というのであろう。北部欧州諸国には同じ考えが共有されているようだ。

ＥＣＢのユーロ危機対応は、表Ⅲ-1の五項目であり、すでに詳しく説明した。中央銀行の国債直接購入を禁止する第一二三条一項を根拠に、証券市場プログラム（ＳＭＰ）も新規国債購入措置（ＯＭＴ）もドイツで提訴された。だが、すでに述べたように、ＯＭＴがあと一年早ければ、ユーロ危機のダメージははるかに軽かったであろう。

ユーロ危機の中で、ユーロ圏は「危機の四角形」(図I-3、四四頁)の四分野それぞれで、制度改革を迫られた。二〇一一年春からユーロ制度の改革が始まり、一二年六月の首脳会議で改革は本格化し、一四年までに一段落した。ヴァージョンアップされた「ユーロ2・0」を創出したその制度改革について、順次説明していこう。

2 経済不均衡の是正を目指す制度改革

競争力格差への対策――「ユーロプラス協定」

ユーロ導入後、南欧諸国のインフレ率は三%超、ドイツは二%未満、先進諸国は二%台と、はっきりしたインフレ格差があった。物価上昇率の乖離(ダイバージェンス)である。ECBの政策金利は単一で、「ユーロ圏平均」に合わせるほかないので、南欧諸国には低すぎ、ドイツには高すぎた。その結果、物価ダイバージェンスが維持される。その格差が毎年積み重なると、南欧諸国はドイツや西欧・北欧諸国に対して競争力を失っていく。

この競争力の乖離と景気格差により、経常収支不均衡(北部欧州諸国の黒字と南欧諸国の赤字)は年々拡大した。北部欧州諸国と南欧諸国との経常収支格差の拡大は、ユーロ圏の「リージョナル・インバランス」と呼ばれた。二〇〇二〜〇六年の経常収支赤字の年平均値（GDP比）は、ギリシャ一二％、ポルトガルとスペインは六％から九％、黒字国は、オランダ、フィンランド、ベルギー、ドイツ、オーストリアで、二％台から七％台であった。金額的にはドイツの黒字が最大である。

このような経常収支不均衡の再発を防ぐための対策が二〇一一年三月ユーロ圏首脳会議において合意された。主導したのは、メルケル独首相とサルコジ仏大統領であった。「ユーロプラス協定」と呼ばれる。ユーロ圏諸国の競争力格差是正のために経済政策を協調し、併せて雇用促進、財政と金融の安定を目指す。ポーランドなど若干のユーロ未加盟国が協定に参加したため、「ユーロプラス」協定と名称変更になった。

欧州委員会が各国の賃金上昇と生産性上昇をきめ細かくモニターし、年二回各国首脳が責任をもって調整する。このような方式でどこまで競争力ダイバージェンスの是正が可能なのか確かではないが、この協定はイントロにすぎない。以後次々と改革が打ち出されていった。

不均衡の予防・是正、ガバナンス強化の諸改革

二〇一一年から一三年にかけて、マクロ経済不均衡の是正に関する改革が次々に実施された。ドイツ政府はマクロ経済（国民経済や市場全体に関わる経済分野）の不均衡をユーロ危機の原因と捉

えて、その是正策を次々に提出し、欧州委員会などもそれに応えて、ＥＵ法令（規則や指令）によってマクロ経済不均衡の拡大をチェックする体制を整備していった（表Ⅲ-2）。もはや「自己責任制」などといっておれなくなったのである。

具体的に説明していこう。まず、6《シックス》パックとは、ＥＵの六つの法令による改革というところからその名前が付けられた。財政健全化・マクロ経済不均衡是正・成長と構造改革を目指す。財政赤字三％を出し続ける国への罰金賦課などを定めたＥＵ運営条約第一二六条、「安定と成長の協定」（ＳＧＰ）が財務相理事会によって尊重されず、改悪された点を反省し、ＥＵによる監視と是正の能力を引き上げた。新ＳＧＰと位置づけることができる。財政赤字予防のため各国は毎年ＥＵに財政報告を提出する点は従来と同じだが、ＥＵ諸国は「ヨーロピアン・セメスター」において欧州委員会とともに毎年の前半に各国の翌年の財政計画を相互に検討し、過剰赤字国には是正手続きを通知し、また国ごとの改革プログラムと勧告を採択する。各国はそれをもとに翌年度予算を策定し、議会に提出する。三％を超える赤字を出し続ける国には勧告が出され、是正されない場合は最大ＧＤＰ比〇・五％までの罰金を賦課する。

マクロ経済の不均衡については「マクロ経済不均衡是正措置」（ＭＩＰ：Macroeconomic Imbalance Procedure）が適用される。ＥＵ各国の経常収支赤字、労働コスト、住宅価格など一〇項目を欧州委員会がチェックし、不均衡是正の年限を指示する。制裁措置としてＧＤＰ比〇・一％

表Ⅲ-2　マクロ経済不均衡などに関するユーロ制度改革

	6パック	ユーロプラス協定	財政条約	2パック
財政政策健全化	・SGPの能力引き上げ(EUの規則5，指令1による)	・財政規制の導入を各国に義務づけ	・各国に財政規制義務づけ(財政ブレーキ) ・財政赤字是正措置(逆特定多数決)	・共通の財政計画 ・財政赤字監視 ・財政危機国への監視強化(EUの2つの規則による)
マクロ経済不均衡対策	マクロ経済監視とMIP導入			
経済成長と構造改革	ヨーロピアン・セメスター	競争力と雇用促進の義務づけ		
発　効	11年12月13日	11年3月25日	13年1月1日	13年5月
非参加国	なし 制裁措置はユーロ圏諸国のみに適用	チェコ，ハンガリー，スウェーデン，イギリス	チェコ，イギリス	ユーロ圏諸国以外のEU加盟国

注：SGPは安定と成長の協定(Stability and Growth Pact)．MIPはマクロ経済不均衡是正措置(Macroeconomic Imbalance Procedure)．ヨーロピアン・セメスターは経済政策と財政政策の協調強化を含む

出所：Sachverstaendigenrat[2012], Jahresgutachten(ドイツ経済白書)

までの資金積立があり、欧州委員会が制裁を提案すると、それをEU理事会が覆すには特定多数決が必要となる。特定多数決とは、EU加盟国数の五五％以上(EU二八カ国では一六カ国以上)かつ賛成する国の人口合計がEUの人口の六五％以上により決定する方式である。欧州委員会の提案を拒否するためにそれが必要とされるので、「逆特定多数決」といわれるが、理事会が覆すのはまず不可能で、欧州委員会の力が強まって

いる。

毎年春の欧州委員会のＭＩＰ発表をＥＵ各国は緊張して見守る。二〇一五年にはフランスとイタリアの政府をブリュッセルに呼びつけて、財政赤字是正を迫るとのニュースで緊迫したが、ユーロ圏経済の停滞の中でとくに不調の両国だけに、結局ある程度の猶予を認めて決着した。

財政条約、すなわち「安定・協調・ガバナンスに関する条約」(ＴＳＣＧ：Treaty on Stability, Coordination and Governance)はユーロ圏諸国の構造的財政赤字(景気変動の影響を除外した財政赤字)をＧＤＰ比〇・五％以下に抑えることを目的としている。財政均衡に関する動きは通常ドイツが主導するが、ＴＳＣＧもメルケル首相が二〇一一年一二月のＥＵ首脳会議において提案・主導した。構造的財政赤字〇・五％以下という規定は「財政ブレーキ」と呼ばれるが、各国はそれを国内法(できれば憲法)で定める。ルールを逸脱した場合には是正メカニズムが適用され、違反には制裁が科される。

景気変動は市場経済の法則であり、不況は定期的に必ず起きる。財政政策を厳しく縛ると、不況対策が打てなくなり、不況が深刻化しかえってマイナスだ。〇・五％の財政赤字は「構造的赤字」なので、景気への配慮はある程度なされるとはいえ、財政を縛るのは疑いない。賢明な政策とは思えないのだが、ＥＵ諸国は少子高齢社会化を前にして財政赤字を縛ることにあまり抵抗を感じていない。

3 欧州安定メカニズム（ESM）による財政支援力強化

恒常的な財政支援の機構

二〇一二年一〇月常設の欧州安定メカニズム（ESM）が発足した。ESMはユーロ圏諸国の政府間協力機構で、ESM条約によってルクセンブルクに設置された。資金規模七〇〇〇億ユーロで、そのうち八〇〇億ユーロ（払込資本）はユーロ圏諸国が毎年一六〇億ユーロずつ五年間、一七年まで払い込みを行う。ESMへの資本払い込みのシェアはユーロ圏における各国のGDPにほぼ比例しており、ドイツ二七・一四六％、フランス二〇・三八六％、イタリア一七・九一四％、スペイン一一・九〇四％などである（国民一人当たり所得がEU平均の七五％以下の国には若干の優遇措置）。

残りの六二〇〇億ユーロ（請求後払込資本金と保証）は、必要に応じて払い込みがなされる。合計七〇〇〇億ユーロの資本金に対して最大融資規模は五〇〇〇億ユーロとされていたが、二〇一二年三月時点の欧州金融安定ファシリティ（EFSF）の残高約二〇〇〇億ユーロを受け継いで七〇〇〇億ユーロとなった。

ESMはESM債を発行して資金を市場調達し、危機国に財政支援を行う。EFSFが加盟国政府を支援する形をとっていたのとは違って、ESMは加盟国の国債を直接に(加盟国政府を介さないで)購入できるし、銀行への資本注入も当該国政府を経由しないで実施できる。繰り返しになるが、支援が危機国の財政赤字を増加させないというメリットがある。

ESM参加国が発行する国債には集団行動条項が付く。ESMから支援を受けるユーロ加盟国が資金を返済できなくなった場合、当該国の国債に投資した民間投資家に対して元利の返済繰り延べ(「リスケジューリング」)や元金の一部削減などの形で負担を求める交渉を行うことができる。

常設機関であるESMの設置は、「ユーロ1・0」の欠陥を是正する重要な一歩と評価できる。しかし、ドイツには原則にこだわる個人や団体が多数あり、ドイツ大統領のESM条約署名の前に差し止め仮処分の申し立てをした。またESM条約とEU法の両立性についてアイルランドで訴訟が起き、アイルランド最高裁判所は欧州司法裁判所(ECJ)の先決裁定を求めた。ECJの判決は、第一二五条はユーロ加盟国の財政的自立の規律づけを目的としており、加盟国への財政援助をすべて禁じる意図はない、というものであった。ECJはまた、「適切な収益率で返済されるなら」ユーロ加盟国は他の加盟国からローンを受け取ることができると認めた。

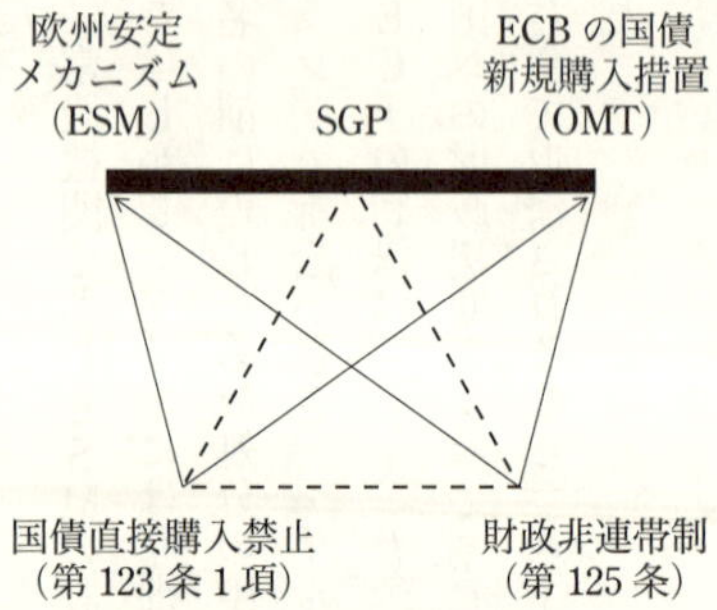

注：「ユーロ 1.0」は点線の 3 角形の 3 項目.「ユーロ 2.0」は上部の水平線の 3 項目
出所：筆者作成

図Ⅲ-1　ユーロ 1.0 からユーロ 2.0 へ①――ESM と OMT の役割

「ユーロ２・０」への制度改革

ＥＣＢによる国債直接購入の禁止（第一二三条一項）はⅠ章とⅡ章で説明したように、新規国債購入措置（ＯＭＴ）によって変革された。また「安定と成長の協定」（ＳＧＰ）は、すでに説明したように、条約やＥＵ規則によって、根本的に強化された。したがって、図Ⅱ-1に示した非連帯型の通貨同盟は根本的に修正された。修正前と修正後を比較して図示しておこう（図Ⅲ-1）。

図の点線で示した三角形は、マーストリヒト条約からリスボン条約に引き継がれた「ユーロ１・０」の非連帯型通貨同盟を表している。図Ⅱ-1の右下にあった「非救済条項」（ＥＵ運営条約第一二五条）は、財政支援機構ＥＳＭにとって替わられた。矢印線は正反対の性格を示している。また、図Ⅱ-1の左下にあった「国債直接購入の禁止」（第一二三条一項）は、ＯＭＴによって満期三年以下の国債の無制限購入に転換した。これまた正反対の事項なので矢印で右上のＯＭＴに移行したことを示す。

そして、事実上無効化していたＳＧＰは表Ⅲ-2の制度改革によって蘇り強化された。「ヨーロピアン・セメスター」のような新しい機構も導入した。こうして、「ユーロ2・0」は図Ⅲ-1の上部の三つの機構に支えられて、「ユーロ1・0」とはまったく別の制度に生まれ変わった。条約は改正されていないが、ユーロ制度は根本的に変更された。

新版「ドイツ・イデオロギー」？

図Ⅲ-1はドイツの制度設計がほぼ完全に覆されたということを明らかにしている。ドイツがカネを出さなくて済む非連帯制の通貨同盟では、二〇一〇年春のギリシャ危機すら乗り切ることはできなかった。財政赤字を垂れ流す国に対する金融市場の処罰の効果を高く評価して導入された自己責任制は機能しなかった。ほかならぬ西欧の大銀行による南欧諸国への大規模資本流入が自己責任制を無効化してしまったのである。

中央銀行の国債直接購入を禁じた条項は、スペイン、イタリアまでを深刻この上ない危機に巻き込み、ユーロ危機を激化・長期化させた。危機の第三波において、ドイツ連銀の反対を押し切って、ドラギ総裁がOMTを採択し、ユーロ崩壊を免れた。

だが、ドイツ世論に自らが設計したユーロ制度の失敗という認識は薄い。二〇一二年のドイツ経済白書は、OMTが危機沈静化に有効だったことを確認しておきながら、「条約違反」「財政ファイナンス」と決めつけ、ユーロ制度の性格は根本的に変わった、それゆえに「われわれは闘わなければならない」とまさに反動の姿勢を明らかにした。ドイツ経済白書を執筆するのはドイツでもっとも権威の高いとされる五人の経済学者(「五賢人委員会」と呼ばれる)なのだが、その人たちにしてこの対応なのである。

これを読んだときドイツ人の頑固頑迷に恐怖を覚えた。ユーロ危機とOMT採択の効果を認めるのなら、ドイツの条約設計を反省し、OMTを評価すべきであろう。ところがこの知識人たちはそうではないのだ。効果より原則、それも破綻した原則の墨守を宣言するのである。グローバル金融資本主義の時代に必要とされるプラグマティズムに背を向け、破綻した「原則」を守るという。現実を現実としてみないで、現実をイデオロギーで裁断する。ヨーロッパの新「覇権国」の知的リーダーがこれではユーロ圏の将来は大変だ、と先行きを心底懸念せざるをえない。

一九世紀半ばマルクスとエンゲルスは共著『ドイツ・イデオロギー』を書いて、資本主義の最先進国だったイギリスから、ドイツ知識人の狭量と古くさい伝統に囚われた知性を徹底的に批判した。今日「新ドイツ・イデオロギー」の時代がめぐってきているのだろうか。

4　銀行同盟の構築

ＥＵの新しい規制

リーマン危機は「一九三〇年代以来」といわれる激烈な金融危機であった。危機の再来を防ぐために、世界規模で対策が強化された。二〇世紀末から二一世紀初頭にかけて米国などで金融規制が緩められたことが、リーマン危機の伏線になっただけに、有効な銀行規制の再構築が一大テーマとなり、新しい銀行規制の時代となった。

金融危機対策はバーゼル銀行監督委員会が二〇一〇年一二月に公表した第三次国際統一基準（「バーゼルⅢ」）を基盤に置いて、米英欧日スイスなど先進各国それぞれが独自の規制強化の法律を採択・実施してきた（バーゼルⅢは一三年から段階的適用、一九年に完全実施）。内容は複雑多岐にわたり、かつ詳細である。ここではユーロ圏の制度改革に限定して説明しよう。

バーゼルⅢの銀行規制が公表されると、欧州委員会はそれをＥＵに適用するため、二〇一一年七月、第四次資本要求指令（ＣＲＤⅣ）のパッケージ案、つまり「ＥＵ版バーゼルⅢ」を公表した。危機時のバッファーの役割を果たす銀行の自己資本を厳格に規定し、自己資本の資産に対する比率を大幅に高めた。欧州委員会はまた一二年六月、「銀行再建・破綻処理指令」（ＢＲＲＤ）を呈示し、翌一三年六月ＥＵ理事会で合意、一四年四月、任期満了間際の欧州議会が、改善した法案を採択した。

リーマン危機からユーロ危機に至る過程で、銀行支援に巨額の税金が投入された（ＥＵの銀行資本増強だけで四七三〇億ユーロという)。支援は「ベイルアウト」と呼ばれ、税金で銀行を救済した。しかし、銀行破綻の責任を負うべき経営者が何百億円もの退職金を受け取るという、許しがたい事例が少なくなかった。欧米では納税者の怒りが爆発した。それを受けて、銀行破綻の際の債権者負担原則(「ベイルイン」)が新しい原則となった。銀行の株式保有者や社債の保有者など、銀行経営に関わる債権者がまず損失を負担する、という原則である。

ユーロ加盟国でもベイルイン原則を導入したが、ベイルインではまかないきれない損失をカバーするため、各国で銀行が付保預金(預金を危機の際に預金者に保証するための保険のかかっている預金)額の一%を八年間積み立て、五五〇億ユーロをもつ単一破綻処理基金(SRF)に移行する。もっともそれだけで危機を乗り切れる保証はないので、非常事態では、厳格な条件を置いて、公的資金の使用も認めた。

ユーロ危機第三波と銀行同盟への圧力

欧州委員会は銀行に対する規制政策を審議するために、新たに専門家委員会を立ち上げた。フィンランド中央銀行総裁、エルッキ・リーカネンを座長とする「リーカネン委員会」である。二〇一二年一〇月、「EU銀行業部門の改革に関する最終報告書」(通称「リーカネン報告」)が公表された。報告は、欧州銀行業の伝統であるユニバーサルバンキング(商業銀行と投資銀行の兼営）を受け入れつつも、金融危機の原因となった、銀行の自己勘定を用いたトレーディング業務を商業銀行（公衆から預金を受け入れ融資や決済サービスを行う）から切り離し銀行グループ内部の別事業体とする、など多くの提案を行った。これを受けて、欧州委員会は一四年一月、自己勘定取引は原則禁止としつつ一部のトレーディング業務は認める旨の規則案を発表した。銀行にバブルをつくらせないための施策であるが、具体化の作業は今も続いている。

ユーロ制度の根本的な改革にとって重要だったのは、ユーロ危機の第三波の脅威だった。ユーロ圏の銀行システムは国境で分断され、銀行間市場は麻痺して、金利も国ごとにバラバラになった。こうなると、もはや単一通貨とはいえない。スペインの大企業A社の業績や信頼度はドイツの大企業B社と変わらなくても、国が違うために銀行からの借入金利が違う。そうなれば、通貨の単一性は損なわれており、平等な競争条件は掘り崩されている。

ユーロ危機の第三波は、ギリシャの離脱危機が解消した後も解消せず、スペインの銀行危機とソブリン危機、イタリアへの波及が懸念された。その救済金をドイツなど北部欧州諸国が負うことへの反発と非難が当該諸国で噴出していた。そうなれば、スペインやイタリアの銀行を真に監督しそれらの銀行の破綻処理もできる機構をつくるしかない。南欧諸国では大銀行と国家の結びつきが伝統的に強い（「国家＝銀行相互依存体制」）。国に処理を任せても、政治家が銀行をかばうなどして、真の解決は望めないのである。解決方法は経済統合しかなかった。すなわち、ユーロ圏に権限を委譲し、真に有効な銀行監督と銀行破綻処理の単一の機構を創出することである。危機の第三波が銀行同盟創設を後押ししたのである。

銀行同盟の創設

銀行同盟(Banking Union)とは、ユーロ圏レベルに、①単一銀行監督メカニズム(SSM：Single Supervisory Mechanism)、②単一破綻処理メカニズム(SRM：Single Resolution Mechanism)、③預金保険制度(DGS：Deposit Guarantee Scheme)、の三つの制度を形成し、ユーロ圏レベルにその運用権限をもたせる制度である。

I章で述べたように、二〇一二年六月、ユーロ圏首脳会議が銀行同盟案を承認し、同年九月に欧州委員会が提案を行って、具体化へ動いたが、③は実現しなかった。独仏などで積み立てられた預金保険資金がギリシャの預金者を保護するという事態に成熟経済国の反対が強く、具体化できなかったのである。ただし、EU各国すべてが一〇万ユーロまでの預金を保険で保証する共通の制度をEU各国は導入済みであり、その制度を精緻化する方向でまとまった。

単一銀行監督メカニズムの発足

単一銀行監督メカニズム(SSM)はECBとユーロ圏各国(ユーロ未加盟国も希望により参加でき

る）の銀行監督当局からなる。ユーロ圏には約六〇〇〇、EUには約八〇〇〇の銀行があるが、ECBは基準を定めて、国際的に活動する大銀行やSSM参加国の主要銀行などおおよそ一二〇の大銀行を特定して「重要銀行」とし、直接監督することになった。それら大銀行の資産はSSM参加国のすべての銀行の資産のおよそ八五％にもなる。重要銀行のリストは基準に沿って定期的に見直され、対象行も変更されるが、巨大銀行は常にリストアップされる。

その他の中小銀行は各国当局が監督するが、統一的な監督責任はECBがもち、問題があれば、中小銀行の監督にも介入できる。つまり、ECBが統一的にユーロ圏（と非ユーロ圏のSSM参加国）の銀行を監督する制度が形成されたのである。

SSMは二〇一四年一一月四日に発足した。ECBには新たに監督委員会が設置された。議長、副議長（ECB役員会から選出）、ECBの代表三名、SSM参加各国の代表一名ずつから構成される。この委員会が監督業務の準備、監督計画の立案と実行、ECB政策理事会に提出する政策案の起草を行う。SSMの政策案がECB政策理事会に提出されると、政策理事会は承認もしくは反対を判断する。したがって、ECBの最高決定機関は、金融政策についてだけではなく、銀行監督についても政策理事会である。承認の場合はそのまま採択、反対の場合には監督委員会は政策案を再提出する。

監督委員会はすでに一〇〇〇人を超えるスタッフを抱え、活動を開始している。監督委員会

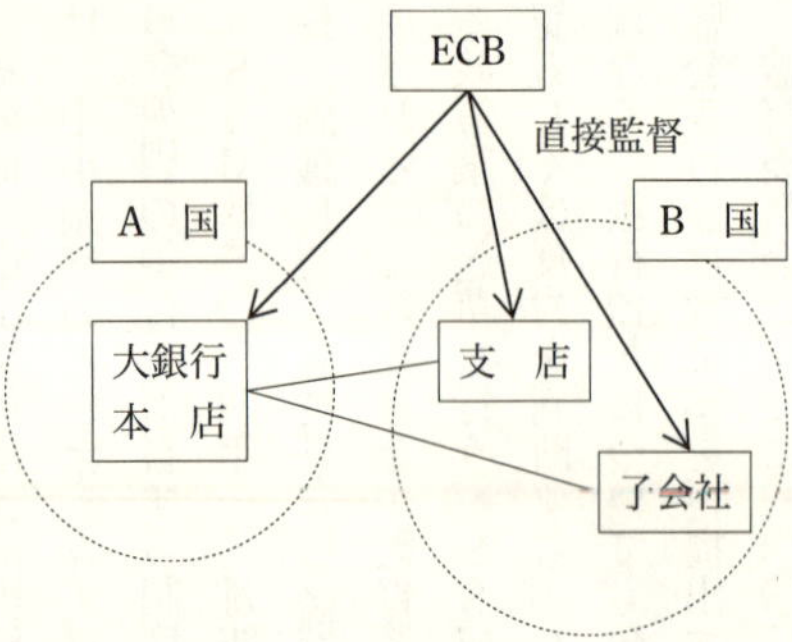

注：矢印はECBによる監督を示す
出所：筆者作成

図Ⅲ-2　単一銀行監督メカニズム（SSM）における ECB による大銀行の監督

議長はフランス銀行（中央銀行）で銀行監督部門のトップを長年つとめ、バーゼル銀行監督委員会の事務局長五年の経験をもつダニエル・ヌイ、副議長はドイツ連銀副総裁から二〇一四年一月にECB専務理事に就任したザビーネ・ラウテンシュレーガー（ドイツ連邦金融監督局の元総裁）、ともに女性である。任期は五年、再任はない。

今日、世界の巨大銀行の資産額は中程度の国のGDPに匹敵する規模になっている。米国と西欧の巨大銀行一行当たりの資産額はほぼ一兆〜二兆ユーロの規模で、国際的な支店網が発展し、ユーロ圏内部の国際的展開はとくに濃密だ。ユーロ圏レベルで監督・救済制度を組織するのは理にかなっている。

EUのこれまでの銀行監督は母国監督主義であった。フランスに本店のある大銀行がギリシャに支店をもつと、その支店の監督は母国（フランス）の監督当局が担当する。ただし、銀行の流動性については、進出先のギリシャの当局が監督する。だが、この制度はユーロ危機のチェックにまったく効果が無かった。ＥＣＢが監督するようになると、その概念図は、図Ⅲ-2のように、母国監督制とはまったく異なる。ＥＣＢは銀行の本店のある国（母国）において本店を監督するだけでなく、進出先の国において、子会社、支店をともに直接に監督するのである。

ＥＣＢが必要と認めれば、外国の大銀行を直接に監督する。二〇一四年六月、ロシア最大手のズベルバンク、同国第二位のＶＴＢバンクが、「ＥＵ単一市場に大きなリスクをもたらす可能性がある」という理由で、ＥＣＢによって対象行に指定された。これは、ウクライナ紛争に絡むＥＵのロシア制裁の一環で、政治的な決定ではあるが、ＥＵ域外の銀行も対象行となりうることが示された。

単一破綻処理メカニズムの構築へ

単一破綻処理メカニズム（ＳＲＭ）は破綻に直面した銀行の再建または破綻処理をユーロ圏レベルで審議・決定し、破綻処理を実施する制度である。欧州委員会や閣僚理事会との連絡の容易さなどから、ブリュッセルに設置された。

履行のための基本組織は、単一破綻処理委員会であって、委員長、副委員長、欧州委員会、ＥＣＢ、各国破綻処理当局代表者により構成され、総務、予算関連の事項を単純多数決で決定する。破綻処理関連の議決は特別委員会により行われ、当該銀行の所在するすべての国の当局

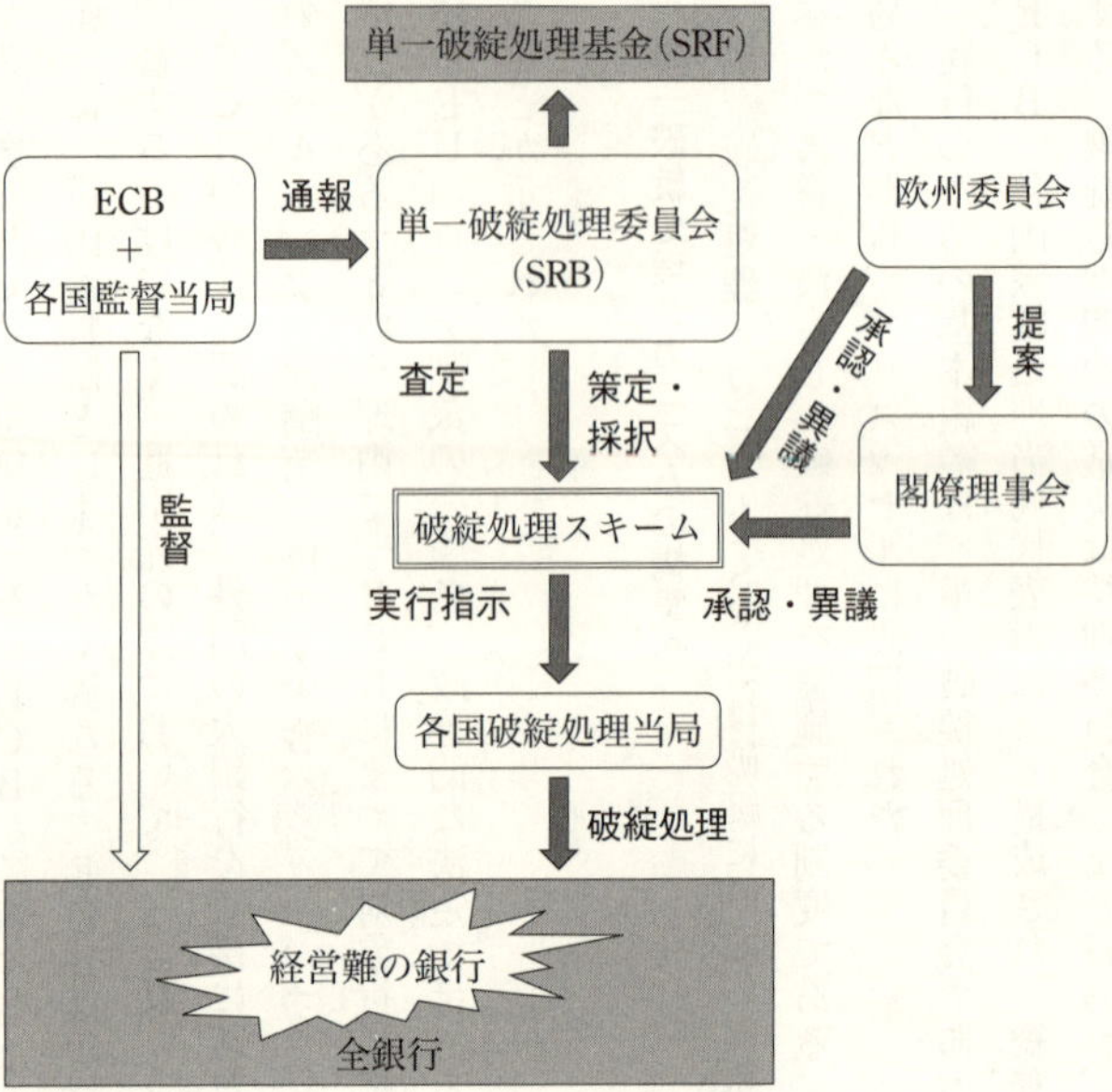

出所：太田瑞希子[2015]，欧州委員会各種資料より作成

図Ⅲ-3　単一破綻処理メカニズム(SRM)の意志決定プロセス

代表者が出席し、本国一票、他の所在国代表が一票を分割保有する。

SRM参加国の全銀行の預金の一％が二〇一六年から積み立てられ、八年後に総額約五五〇億ユーロを有する単一破綻処理基金(SRF)が完成する。SRFはEUレベルの基金であり、ベイルインと組み合わせて、資金提供に利用される。ただし、公的資金の注入も否定されていない。SRFは一六年活動開始、ここからSRMは本格稼働する。

破綻処理への出動は図Ⅲ-

３に示されている。ケースに分かれるが、基本線は次のようである。ＳＳＭで銀行を監督しているＥＣＢが、経営難に陥った銀行の破綻の可能性が高いと判断すると、単一破綻処理委員会（ＳＲＢ）に通告し、査定する。必要と認定すれば破綻処理スキームを策定・採択し、欧州委員会に提出する。欧州委員会は二四時間以内にＳＲＢ案の支持を決定し、ＥＵ財務相理事会に提案、両者は二四時間以内にスキームの発行を宣言し、その後、ＳＲＢが各国破綻処理当局へスキームの実施を指示する。ＳＲＢが提示した破綻処理スキームに欧州委員会や閣僚理事会が異議を表明すれば、ＳＲＢが八時間以内に新提案を行うなど、ルールはかなり複雑である。

ＳＳＭとＳＲＭの構築によって、銀行監督、破綻処理の権限がユーロ圏各国当局からＥＣＢとＥＵレベルに移行した。ＥＣＢは当初の平時の権限に加えて、銀行監督を担い、また破綻処理についても通報（初動）・査定を引き受けることになった。ＥＣＢの権限は、図Ⅲ-4の上部の三つの権限へと拡大した。これもまた、条約の事実上の大きな改正であった。

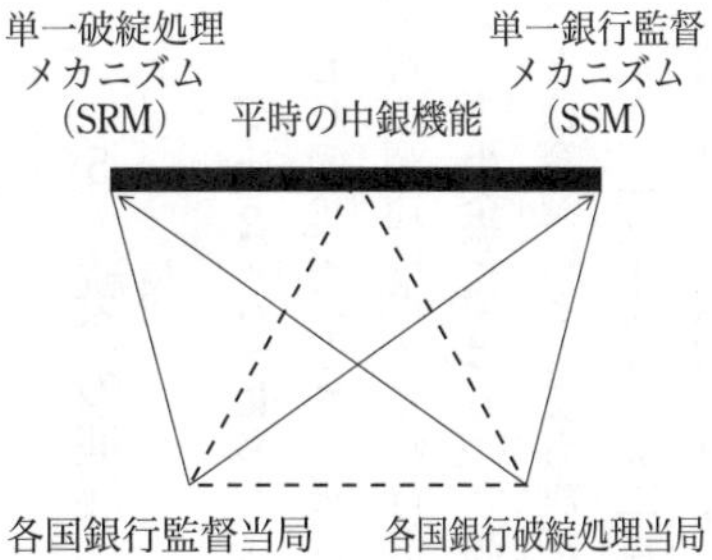

注：「ユーロ 1.0」は点線の 3 角形の 3 項目．「ユーロ 2.0」は上部の水平線の 3 項目
出所：筆者作成

図Ⅲ-4　ユーロ1.0からユーロ2.0へ②――銀行同盟の構築

5　統合の進展に向けて

「ユーロ2・0」に残る不安

EUの企業にとって銀行同盟の必要性は切実である。資本市場の発展した米国では企業の外部資金調達に占める銀行借入のウェイトは三分の一以下であるが、EUでは三分の二以上を占め、中小企業ではもっと高い。銀行同盟がユーロ圏全体で均一金利を実現する方向に作用することは企業にとっても決定的に重要なのだ。

だが、「ユーロ2・0」には不安な点がいくつか残っている。

第一はその法的基盤である。制度改革は危機対策強化のため行政レベル、中央銀行レベルで進み、条約改正を経ていない。したがって、制度として不安定な面がある。

たとえば、新規国債購入措置（OMT）にドイツ連銀は反対票を投じた。さらにドイツでは一万もの私人の団体を含む複数の団体から連邦憲法裁判所にOMTに関して「憲法異議」が出され、また条約違反とする提訴が行われた。国債の直接購入は条約で禁止されているので、ドイツでは証券市場プログラム（SMP）への反発も強かったが、OMTは無制限購入などが新たな問題点であった。二〇一四年一月ドイツ憲法裁判所はOMTを第一二三条違反と判定し、E

U法適合解釈までつけて、欧州司法裁判所(ECJ)に先決裁定を求めた。適合解釈とはOMTを合法とするためのさまざまな縛り(債務カットは違法など)であって、OMTを事実上適用不能とするための術策とみてよいかもしれない。ECJは条約解釈では各国裁判所の上に立つ。そのECJに適合解釈を示すとは、差し出がましいとか図々しいという印象だが、いずれにせよ、判決はECJに委ねられたのである。

ドイツでの違反判決に金融市場はほとんど反応しなかった。憲法裁判所が条約違反と決めつければ、ユーロ危機が再発するかもしれない。ドイツ憲法裁の裁判官も責任をとりきれずECJに委ねたのであろう。金融市場の方はOMTの持続性に確信をもっていたのであろう。

ECJは審理を続け、二〇一五年一月一四日に法務官が「金融政策は中央銀行の専権事項である」との見解を表明した。ドイツ人に対して「ECBの決定に余計な口出しをするな」といったようにも受け取れた。法務官見解が、同年一月二五日に予定されていたECBの量的緩和策(QE)の採択(これまたドイツ連銀は反対した)を後押しするタイミングで出されたことも印象的であった(QEについてはⅣ章で説明)。過去の事例では、法務官の見解は判決でも採用されてきており、合法の判決となると予想された。

ECJは二〇一五年六月、OMTは条約および中央銀行法に違反していないと判定した。適合解釈について若干は考慮しつつもECBの行動の自由を尊重する判決になった。ドイツ憲法裁の見解とは真っ向から対立する。ドイツ憲法裁の対応は今後に残されている。

このようにして、ドイツで次々に訴訟が行われ、EU運営条約の解釈が積み重ねられている。ドイツ憲法裁は条約をできるだけ制限的に解釈し、ECJはマーストリヒト条約制定の事情にまで踏み込んで、できるだけ広く解釈している。OMTはECJの判決によって「核抑止力」として存続できるであろう。情勢が根本的に変化しているのに、古くさくなった法律の条文の方を大事にする法律家は昔からいて、「災いなるかな、法律家よ！」という警句もあるが、グローバル金融資本主義の時代に時代遅れの判決を繰り返すドイツ憲法裁に当てはまるかもしれない。ドイツの判決がユーロ圏の他の国までを縛ることになるので、理不尽ともいえるが、それに対抗できるのはECJしかいない。そのECJもドイツ憲法裁の判決に一定の制約を受ける。ドイツの訴訟騒ぎに引き回されるECBなどのエキスパート達は本当に大変だ。

第二に、ユーロ危機対応の経済統合はユーロ加盟国間に限られた連帯行動である。イギリスなどユーロ非加盟国は重要な決定から疎外され、それら諸国がEUに反発する一因ともなっている。キャメロン英首相は二〇一七年末までにイギリスのEU残留を国民投票にかける。経済的利害から判断すれば、イギリスの離脱に合理性はない。だが、国民の判断は経済だけでなく、国民感情などにも左右されるから、先行きは不透明だ。

国家＝銀行相互依存体制

欧州大陸では「国家＝銀行相互依存」が伝統である。米英に比べて資本市場が未発達なので、国債の消化を銀行に依存せざるをえない。大銀行は国債大量購入の見返りに国の保護を受け、銀行監督も甘くなり、流動性危機やソルベンシー危機に陥りやすい。政府は銀行に依存した国債発行が容易なので過大な財政赤字や政府債務に陥りやすい。財政危機は国債価格下落を通じて国家と、国債を保有する銀行双方に打撃を与える。単一銀行監督メカニズム（ＳＳＭ）はまず監督権限においてこの国家＝銀行相互依存から大銀行を引き離す役割を担うのである。

ユーロ危機の中で銀行間市場が機能不全に陥り、南欧諸国の銀行は資金調達に難儀したが、北部欧州諸国の銀行監督局が「危険な国への与信は慎重に」と指導していた。健全経営のスペイン大銀行の在ドイツ子会社は、ドイツ当局の指導を受けて本社への送金が難しくなったという。ユーロ圏銀行間市場の分断をドイツ銀行監督当局が助長するといった弊害はＳＳＭによってある程度改善されるはずだ。

単一破綻処理メカニズム（ＳＲＭ）も国家＝銀行相互依存を断ち切りユーロ圏レベルで金融危機に対処する制度づくりという意味がある。ＥＵは一九九〇年代から単一金融市場の構築を開始したが、銀行監督や破綻処理といった金融制度は各国ベースのままにして、超国家的銀行活動を促進した。そのギャップが年とともに広がって、ついにリーマン危機とユーロ危機に翻弄されることになってしまった。実体経済も甚大な打撃を被った。銀行同盟は過去二〇年間EUが放置してきた金融制度改革であり、真のユーロ圏金融制度へ向けた大きな前進である。

とはいえ、八年をかけて準備される破綻処理基金は五五〇億ユーロ規模であり、ベイルインが組み込まれたとはいえ、リーマン危機後の銀行救済額(EU主要国のみで一兆八〇〇〇億ユーロを準備)と比較して余りにも小規模である。監督制度が整備されているので、リーマン危機の再来は考えにくいが、大銀行破綻となれば、公的資金の投入は避けられないであろう。

そのような限界はあるものの、次の銀行危機にユーロ圏レベルで対処する制度がつくられた点を第一に評価すべきであろう。一連のユーロ制度改革によってユーロ圏レベルの統制力、危機対応能力は飛躍的に高まった。質的に改善された「ユーロ2・0」が出現したと評価できる。

米国で連邦準備制度ができたのは一九一三年、翌一四年に活動を開始した。独立してから一四〇年も後だった。米国の各州は連邦に権限を渡そうとしなかったのである。だが、中央銀行のない金融市場で金融危機が猛威をふるい、ついに連邦中央銀行制度が創られた。そのFRBの権限も制限的だったが、三〇年代の大恐慌に対応するため権限拡大が避けられなくなり、連邦財政もこの時に大きく発展した。大恐慌時に何千もの銀行が破綻したのを受けて連邦預金保険公社(FDIC)が三三年に設立され、危機の沈静化に効果を発揮した。FDICは金融機関の破綻時に預金を保護する独立行政法人で、銀行から集めた保険料と米国債への投資から得る収益を原資に、一人一〇万ドルを上限に預金を保護した。なおリーマン危機を受けて一三年に上限を一人当たり二五万ドルに引き上げた。ＦＤＩＣは米国銀行同盟を支える主柱の一つである。このような米国の事例と比較すると、ＥＵの改革の方がスピードがある。

欧州委員会などＥＵ機関が提唱したＥＵ銀行同盟には共通預金保険機構が想定されていたが、ドイツなど加盟国の反対で今次の改革からは外された。ＥＵ版ＦＤＩＣの創設は次の統合課題となっている。

6　帝国型ユーロ制度への発展

ＥＵと帝国

今、帝国が注目されている。帝国とは、二〇世紀前半までの帝国主義の時代には植民地と宗主国のまとまりを指していたが、今では、広大な領地の上に広がる国家、主として、巨大な人口と天然資源を保有する国を指すようになった。米国、ロシア、中国はその限定的な定義を満たす。二一世紀はそれら諸帝国の競争、角逐、共存の世紀になると見て、帝国論が盛んになっている。

持続性をもつ帝国論として、ドミニク・リーベンの『帝国の興亡』があげられる。ローマ、ロシア、中国など歴史的な諸帝国を詳しく分析している。リーベンはハプスブルク帝国にも詳しい。「ハプスブルク帝国には今のEUの原型をいくつも見ることができる」として、単一市場・単一通貨をあげる。ハプスブルク帝国ではEUのように、「商品、サービス、資本、人」の域内自由移動が保証されていた。首都ウィーンに地方からユダヤ人が大挙して集まり、金融都市として繁栄した。文化面でも多民族の文化人がウィーン集まり、繁栄したという。

一九世紀半ばにハプスブルク帝国は農奴解放、工業化、市民の法の前の自由・平等、私有財産保護など市民社会化・近代化を進め、帝国領だった周縁の中・東欧諸国をもヨーロッパ化した。他方で、オーストリアは周縁諸民族を支配した。「帝国の主な定義は、ある社会がほかの社会の同意を得ないでそれを統治することである」(リーベン)。したがって、周縁の諸民族の抵抗運動が起き、第一次大戦にハプスブルク帝国が敗れると、中・東欧諸国は独立し、ハプスブルク帝国は崩壊した。

リーベンは、巨大な人口と天然資源を保有する国という帝国の定義に関連して、「EUは統合によりコスト(戦争や征服費)を支払わないで帝国を創り出す試みだった」と述べている。だが、「ある社会がほかの社会の同意を得ないでそれを統治する」というリーベン自身の帝国の「主な定義」は二〇世紀ECには当てはまらない。統合はほぼ同レベルの経済発展水準の西欧諸国によって担われた。遅れて加盟したギリシャやスペインに対しては、単一市場統合に合わせてECの地域政策費を倍増するなど、手厚い対応をした。

二一世紀EUになって東欧一〇カ国がマルタ、キプロスとともに加盟すると、EUの性格が変わったと感じられた。西欧・北欧からなるコア諸国が東欧など周縁(ペリフェリ)諸国を支配するという構図である。一九世紀半ば以降のハプスブルク帝国のように、コア諸国は進んだ技術、市民社会の法律、市場規律、そして資本主義を旧共産主義諸国に移植した。一九九〇年代後半以降、東欧諸国にはコア諸国の企業、銀行、ホテル、スーパーマーケット、インフラ設備などが怒濤のように進入していった。

たとえばチェコ、スロバキア、エストニアの銀行資産の九〇%以上を西側の大銀行が支配する。かつてチェコで現地調査をした際に、通訳の大学生に、「外国の銀行の支配をどう思う」と尋ねたところ、「チェコの銀行ではいつ潰れるか不安だ。西側の銀行の方が安心できる」という答えが返ってきて、日本人の常識との落差を痛感させられた。単一市場統合の一九九〇年にスペインで通訳の女子大生に同じ質問をしたときにも、「スペインの銀行の経営は不明朗で手数料も高い。ドイツやフランスの大銀行の進出は大歓迎だ」との答えであった。中・東欧諸国への西側企業・銀行などの進入が前向きに受け止められている可能性はある。

しかし、南欧を含めてペリフェリ諸国の経済が西欧・北欧の支配下に入ったのは間違いない。一律にEU法に従うので、個々の国の経済的自立性は失われ、西欧・北欧諸国が打ち出すEU

政策に反対するのも難しい。「ある社会がほかの社会の同意を得ないでそれを統治する」というリーベンの帝国の「主な定義」が当てはまるようになった。V章で紹介するように、EU法令に違反したギリシャは国の権限を奪われ、まるで半植民地を思わせる状況になっている。

ユーロ制度改革の帝国的性格

ギリシャは特例としても、ユーロ危機への対応においてEU・ユーロ圏の帝国性が目立った。幾度も説明したように、「ユーロ1・0」はユーロ危機に対応できなかった。結局、EUレベルに財政支援機構ESMを創設し、ECBにOMTを認め、さらに、銀行監督をECBに移し、銀行破綻処理もECBとEUレベルで決定する新制度、「ユーロ2・0」へと転換した。

「ユーロ2・0」とは何か。筆者は「帝国型」の通貨同盟と考えている。

SSMやSRMは、フランクフルトとブリュッセルから銀行を監督し、破綻処理スキームを決定する。ユーロ危機によってユーロ制度は高度化し、経済統合が進んだ。ただそれだけなら、なにも「帝国型」などという必要もないだろう。ところが、ドイツやフランスにはすでにきちんとした監督制度、破綻処理制度がある。たとえ一時的な失敗があっても速やかに立て直すだけの弾力性も備えている。そうした要因が欠けているのは、周縁国である。

帝国化のそもそもの基盤は単一市場である。そこでは「平等の競争条件」が原理である。先進国からなるEUなら「平等の条件」は平等を意味するが、先進国と新興国に厳格に平等の条件を賦課すれば、新興国の企業は競争に敗れ、政府は法規を守る能力で劣り、先進国グループの事実上の支配が強まっていく。共通通貨になると、守るべき法規はさらに厳格で違反には厳しい処罰が待っている。新興国は法律と処罰で縛り上げられている。

ＥＣＢを中軸にほぼ一年近くにわたって進められた約一二〇のユーロ圏大銀行に対するストレステストの結果が、ＳＳＭのスタート直前、二〇一四年一〇月二六日に発表された。スタート前に問題のある銀行を洗い出し、必要な措置をあらかじめとらせるためであった。この厳しいストレステストで問題ありとされた二五の銀行のうち二〇は南欧など周縁国の銀行だった。

それはとりもなおさず、銀行同盟の性格を示唆している。西欧・北欧のユーロ圏コア諸国がユーロ圏周縁国を監督し、その銀行行政の不備を是正するのである。それでも、銀行同盟が連帯型の財政資金移転制度と組み合わされていれば、帝国的性格は緩和される。だが、本格的な連帯制度抜きに銀行監督と銀行処理の権限が強化されるので、帝国の印象が強まる。将来、コア諸国大銀行による周縁諸国銀行の支配(吸収合併を含めて)が強まることも予想される。

銀行同盟の主たるテーマは、周縁諸国の銀行が問題を起こすのを予防する、問題を起こせば、速やかにＳＲＭによって破綻させ、あるいはその再建を進める、という点にあるはずだ。信頼できない周縁諸国の制度に頼らず、直接にＥＣＢとＥＵレベルが対応するのである。ＥＣＢに新設されたSSM監督委員会の議長にフランス人、副議長にドイツ人が就任したのも印象的だ。ドイツのフランクフルトからユーロ圏全体ににらみをきかせる。

これらの制度は制度参加国の同意を得て成立したのではあるが、ユーロ危機で問題を起こした南欧諸国に制度改革に抗議する資格はない。従うほかなかったであろう。「ある社会がほかの社会の同意を得ないでそれを統治する」という特徴が感じられないであろうか。

多民族による国家編成という点で、EUにはもともと帝国的要素が備わっている。EU規則はEU諸国の国内法を超えて効力を発揮する。それでも、EC時代には加盟国の平等の方が強く印象づけられた。二一世紀に入ると同じ印象を維持できなくなった。ユーロ危機とその後処理で帝国化の印象がさらに強まった。

出色の『ヨーロッパ戦後史』を書いたトニー・ジャットは言っている。「二〇世紀の「西欧統合という居心地のよい時代」は永久に過去のものとなった。二一世紀のヨーロッパこそが本当のヨーロッパなのだ」と。その「本当のヨーロッパ」は帝国としての性格をさらに強めていくのだろうか。

それは、「ユーロ2・0」がどのように運用されていくのか、周縁諸国に対してコア諸国がどのような対応を行うかに大きく依存している。制度は帝国型になったとしても、血も涙もない運用をするのか、そうではないのか、ということである。後の章でさらに考えたい。

Ⅳ章　ポスト・ユーロ危機の断層線

記者会見で金利の据え置きを発表するECBのドラギ総裁．2013年3月7日，ドイツ・フランクフルト（ロイター＝共同）

垂直型の通貨同盟となったユーロ圏では西欧諸国と南欧諸国の間に物価上昇率と競争力の格差が拡大した。ユーロの金利はその加速要因であった。西欧からの資金流入がその格差を覆い隠していたが、ユーロ危機により資金流入が止まると、南北欧州の分断とユーロ圏経済の停滞が始まり、それがポスト・ユーロ危機段階に定着した。その特徴を説明する。

その中でドイツは「独り勝ち」といわれる回復を遂げ、ヨーロッパの盟主となった。「独り勝ち」の原因とその問題点を考察する。

経済の長期停滞と南北分断を是正するため、ECBドラギ総裁は量的緩和策(QE)へと進んだ。ECBのQEをめぐる諸問題を検討し、また、ECBで危機対応にあたったトリシェ第二代総裁とドラギ総裁を比較することで、ユーロ危機およびその後のポスト・ユーロ危機の特異な性格を浮かび上がらせる。

1　垂直型の通貨同盟と経済不均衡

ユーロによる二つの制約と先進国・新興国

ユーロ加盟国はユーロのもたらす経済的利益と引き替えに、主権国家がもつ二つの重要な政策裁量権を喪失する。

第一は政策金利の自由な設定である。ECBの金融政策はユーロ圏の平均をメドに発動されるので、ユーロ圏諸国は自国経済に最適の政策金利を常にもつことはできない。

第二に為替レートを変更できない。他のユーロ加盟国に競争で負けるようになったからといって、もはや為替切り下げはできない。競争力の強くなった国に切り上げさせるわけにもいかない。

これら二つの制約は共通通貨の本性から生じている。これら二つの制約に対応するスタンダードな方法は各国がユーロ圏平均の経済パフォーマンスを確保することである。とりわけ物価上昇率において中位を確保することが重要になる。そのためには、賃金の動向が重要であり、労使の合意に関わるが、公務員の俸給や手当など政府の政策に依存するところも大きい。

二つのダイバージェンス

Ⅲ章2で説明したように、ユーロ圏では物価ダイバージェンス(乖離)とそれによる競争力ダイバージェンスが恒常化した。ユーロ導入からリーマン・ショックまで、ユーロ圏諸国の消費者物価上昇率は三つのグループに分かれた。独仏両国(成熟経済大国)は一%台から二%を少し超える程度、物価上昇率の高い国はGIPS諸国で、毎年三%を超えた。その中間にベルギー、フィンランド、オランダなどの成熟経済小国があり、二%をやや超える程度であった。

ECBの金融政策はユーロ圏の平均をメドに発動されるので、政策金利は中間の成熟小国に適合的で、新興国には低すぎ、ドイツには高すぎる。物価上昇率を考慮に入れた実質金利は新興国では低すぎ、成熟大国で高すぎる、ということになり、物価ダイバージェンスを促進した。二〇〇五年頃までドイツの景気は極端に悪く、低成長・高失業・低物価上昇率にあえぐ「ヨーロッパの病人」といわれていた。ECBの政策金利はそのドイツを考慮して、低めに設定される傾向があり、新興国グループの物価上昇、経済成長はさらに刺激されていた。

新興国ではユーロ導入とともに長期金利がドイツ並みのレベルにまで低下し、ユーロ導入以前は二桁の長期金利が当然であったそれら新興国で歴史的低金利となった(図Ⅳ-1)。住宅建設や耐久消費財購入が刺激され、経済成長率は高まった。

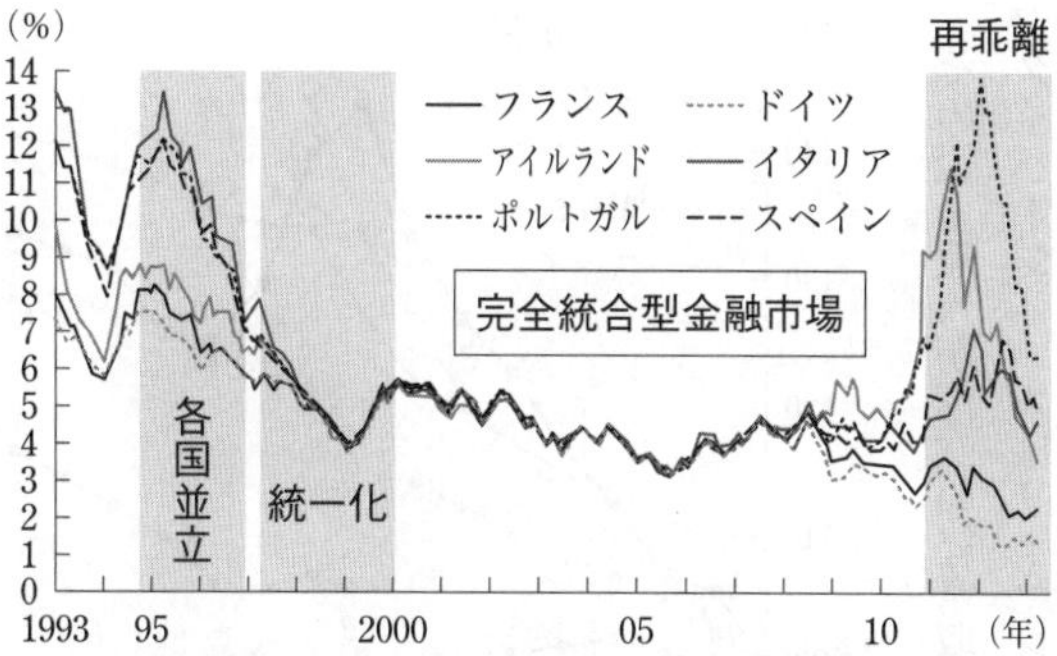

出所：European Commission［2013］(原資料 OECD)

図Ⅳ-1　ユーロ圏諸国の長期金利の収斂と再乖離

その結果、ユーロ圏では競争力ダイバージェンスが拡大していった。物価上昇率の高い国は徐々に競争力が悪化する。反対に、物価上昇率の低いドイツはだんだん競争力が強くなる。

国々の競争力の指標として、「単位労働コスト」が使われる。図Ⅳ-2はGDP生産の単位労働コストの変動を示している。労働コストなので基本的に賃金の動きを反映する。ただ、労働生産性が上昇すれば、賃金上昇のコストへの転嫁はその分緩和される。つまり、単位労働コストの変動は賃金上昇率から労働生産性上昇率を引き去った値となる。

二〇〇〇年を基準に指数にすると、ドイツと南欧四カ国との間では〇八年三〇%から四〇%超と大きく格差が開いた。南欧諸国の賃金上昇が労働生産性上昇をはるかに超えた結果である。フランスは南欧諸国とドイツのほぼ中間、図に示されていないが、オランダや

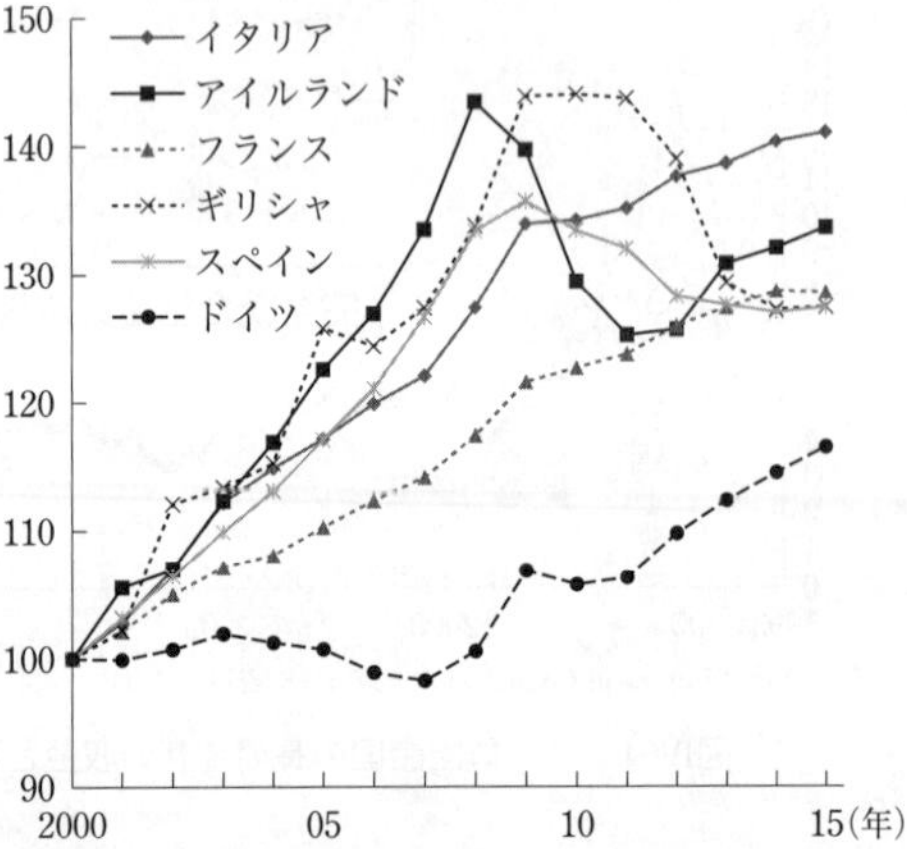

出所：EU 統計局(Eurostat)の資料から筆者作成

図IV-2　ユーロ圏諸国の競争力格差(単位労働コスト)

オーストリアは独仏の中間にあり、フランスほどドイツに対して競争力を失っていない。

成熟国だけであれば、この大きな二つのダイバージェンスは起きなかったか、起きても対処可能な範囲だったであろう。新興国を取り込んだので、ダイバージェンスが拡大した。

南欧諸国のために弁護しておくと、一九九〇年代それら諸国はユーロ加盟のために懸命にインフレ率引き下げにつとめ、構造改革でも成果をあげたのである。ユーロ導入後は西欧から南欧への巨額の資金流入が努力不要の経済成長をもたらし、堕落させられてしまったのである。

その資金流入が南欧の経常収支赤字をファイナンスしたので、物価ダイバージェンスと競争力ダイバージェンスはリーマン・ショックまで長期間続くことができた。GIPS四カ国の経常収支の赤字と、ドイツなど欧州北部五カ国の経常収支黒字とが、鏡像の形で拡大していった。

リージョナル・インバランスである（前著一八五頁の図を参照）。

新興国は借金で経常収支赤字をファイナンスしているのだから、いつか借金支払いの時が来て、大変なことになるはずだが、EU全体でそのような意識は乏しかった。こうしたマクロ経済の不均衡を監督すべき立場の欧州委員会は二〇〇八年になっても、ギリシャの高い成長率とそれによるユーロ圏コア諸国へのキャッチアップを称賛していたのである。同じく新興国の不均衡の監視役のはずのIMFからも、クレームはつかなかった。

ブリュッセルのシンクタンク・ブリューゲルの前所長で鋭い啓発的な分析を幾度も提出したジャン・ピサニ＝フェリーは、その理由を、「通貨同盟ができると一国と同じことになり、国内の地方間の収支（「域際収支」）は問題にならない」という「ウェルナー報告」の考えがヨーロッパの常識になっていて、それが欧州委員会やIMFの判断を狂わせたのではないか、と指摘している。

新興国のバスト・プロセス

リーマン・ショックによってユーロ圏新興国のバブルは破裂（バスト）した。破裂を境に「バスト・プロセス」へと入り、悲惨な事態が長期間続く。

日本に「失われた一五年」をもたらしたバブル破裂では、株価下落は一九九〇年一月、土地価格下落はやや遅れて始まった。銀行は大量の不良債権を抱えて貸し渋り、企業は利益を、家計は所得を、バブル期に形成された銀行への借金の返済にまわした。継続する株価や不動産価格の下落は資産効果を通じて消費を抑制した。投資と消費の沈滞は長期経済停滞をもたらし、九七年に山一證券や北海道拓殖銀行が破綻した金融恐慌となり、デフレへと移行した。政府は財政支出(財政赤字)を年々膨らませて、失業率の急騰を抑えたが、ギリシャを超える世界最悪の政府債務(GDP比。グロスの債務)へと至った。

ユーロ圏新興国のリーマン危機後は日本より悲惨だった。いくつか、顕著な特徴がある。第一に、財政政策を景気回復に使うことができなかった。反対に、不況の中でユーロ圏から財政緊縮を要求され、マイナス成長と大量失業へと至った。

第二に、落ち込んだ競争力を為替相場切り下げによって回復できない。南欧諸国は不況の中で賃金を切り下げ、競争力を回復する「内的調整」を行うほかなかった。

図Ⅳ-2から、ユーロ危機以降のドイツと南欧諸国の競争力格差の縮小を見て取れる。アイルランド、ギリシャの単位労働コストはかなり大きく低下した。賃金の下落と物価上昇率の低下(ギリシャは三年連続デフレ)が効いている。スペインも同じ要因により低下した。ドイツは失業率が完全雇用に近づいたため、賃金上昇のペースが上がり、二〇一二年から上昇が続く。スペイン、ギリシャ、フランスとの格差は一〇%ポイント程度に縮小している。オランダとオーストリアも一四年スペイン・ギリシャと並んだ。

ただし、経常収支で見ると、ドイツとオランダはGDP比七％台の黒字、スペイン・イタリアは若干の黒字、ギリシャ・フランスは若干の赤字であって、ドイツ・オランダの競争力が依然として目立つ。これら二国とオーストリアは企業や銀行のヨーロッパ周縁諸国への展開など、単位労働コスト以外の分野での競争力をもっている。また、賃金には人々の生活が懸かっているから、どんどん引き下げるというわけにはいかない。そのペースは鈍く、南欧諸国の競争力回復にはまだ時間がかかる。

2　ポスト・ユーロ危機——慢性危機へ

ユーロ圏経済の長期停滞と南北ヨーロッパ分断

ユーロ危機は二〇一二年九月ECBの新規国債購入措置（OMT）採択をもって沈静化へと向かった。市場にはなお警戒感が残ったが、徐々に落ち着き、一三年、ポスト・ユーロ危機の新しい段階に入った。

ポスト・ユーロ危機段階は危機の第三段階だ。ユーロ危機は連続する金融パニックの急性危機であった。ポスト・ユーロ危機段階は慢性的・構造的危機だ。経済の長期停滞と南北ヨーロッパの分断がある。ユーロ圏の低インフレと危機国のデフレも問題だ。

ユーロ圏はユーロ危機による金融システムの大動揺を受けて実体経済も不況に陥った。二〇一二年・一三年と二年連続でマイナス成長、リーマン・ショック後の落ち込みに続く不況の「二番底」であった。経済成長は一四年もわずか〇・九%、一五年・一六年も一%台の予想だ。米国は二%台の成長率を続け、一五年から三%に接近と予想され、失業率は一五年に五%台に下がった。イギリスも一四年から成長率二%台に復帰、失業率も五%台だ。ユーロ圏は米英両国に劣後しており、成長率格差が続くことになりそうだ。この経済停滞が終わらない限り、ポスト・ユーロ危機は続く。

経済成長と失業率の南北乖離

北部欧州と南欧との間に断層線ができている。図序-2（五頁）に二〇一六年までのGIPS諸国とドイツの経済成長率を示している。アイルランドは一四年に四%超の高い成長率となり、一五年以降も三%台と、経済は立ち直っている。この国は米国多国籍企業がヨーロッパ大陸への輸出基地として医薬品・IT産業を中心に展開し、製造業が強い。金融面などサービス産業も一定の発展を遂げており、不動産バブルからの立ち直りも早かった。スペインは、銀行部門が不良債権を抱えて苦闘しているが、ユーロ安をテコに輸出が伸び、三%成長を一五年には達成できそうだ。労働者の解雇を容易化した労働市場柔軟化など、構造改革を進めてきたラホイ政権の政策が実を結びつつある。しかし、失業率はなお非常に高く、構造改革に対する国民の耐久力が持続するかが問題になる。

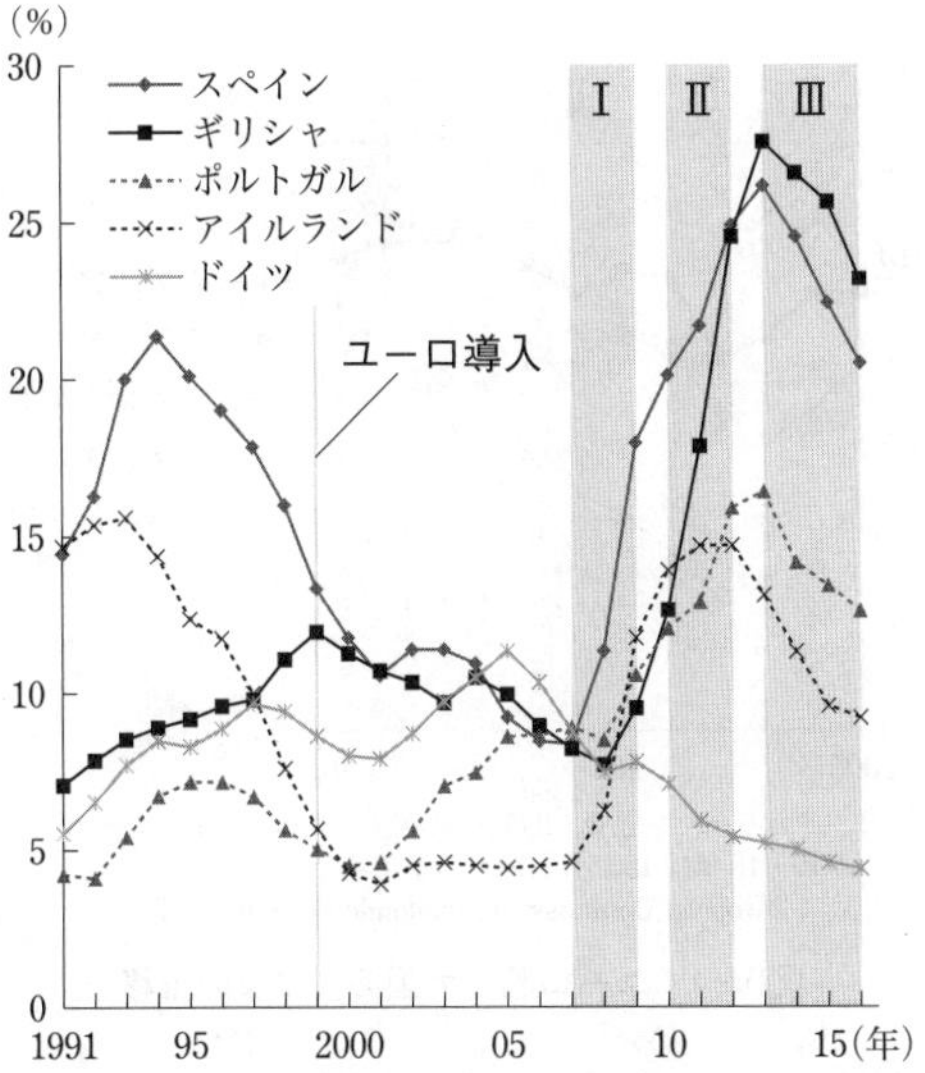

注：Iはリーマン危機，IIはユーロ危機，IIIはポスト・ユーロ危機．2015年・16年は15年5月時点の予想値

出所：European Commission, Statistical Annex & Spring Forecast 2015より作成

図IV-3　ドイツとGIPS諸国の失業率

ヨーロッパの南北分断を端的に表す指標は、失業率である。ドイツは危機の時期を通じて一貫して失業率の引き下げを継続した。ユーロ危機の最中二〇一一年に失業率は五％台に低下、その後も低下し、一五年には四％台に下がった。ほぼ完全雇用状態といえる。

GIPS諸国で失業率はリーマン危機後に跳ね上がり、ユーロ危機によってさ

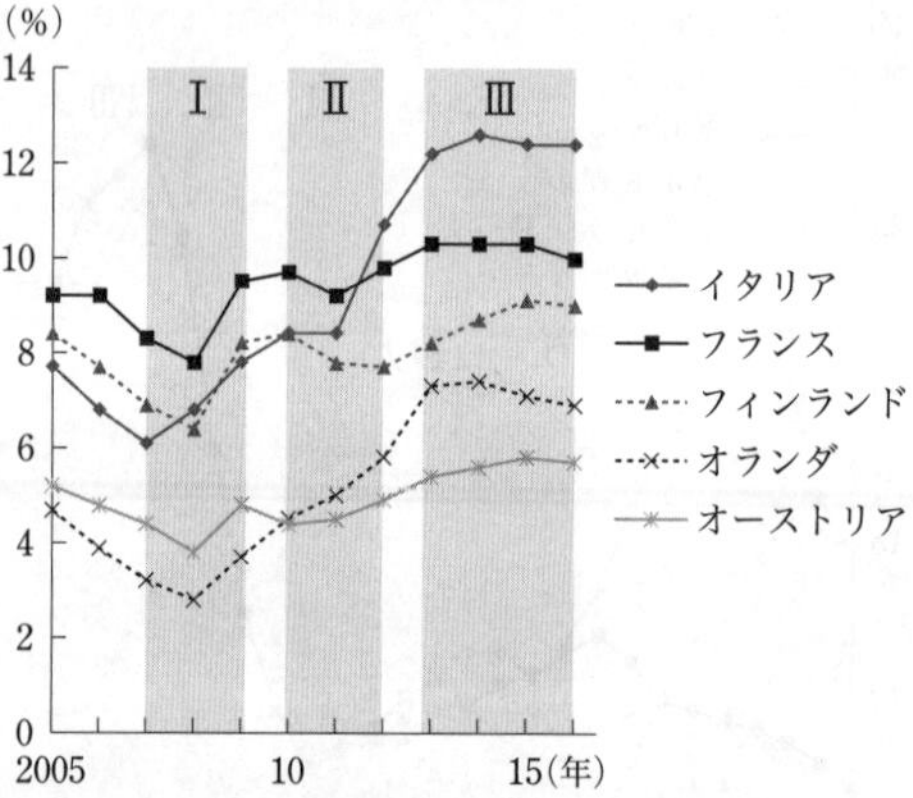

注：Ⅰはリーマン危機，Ⅱはユーロ危機，Ⅲはポスト・ユーロ危機．
2015・16年は15年5月時点の予想値
出所：European Commission, Economic Forecast 各号

図Ⅳ-4　ユーロ圏5カ国の失業率の推移

らに高まった（図Ⅳ-3）。ギリシャでは二〇〇八年の七・七%から一三年のピークで二七・七%、三倍以上になった。スペインでは〇八年の八・三%が一三年にはピークの二六・一%、ポルトガルでは一三年一六・四%がピークである。

スペインでは一九九四年にもう一つのピークの二二・四%がある。農村にいて統計に入らなかった失業者が大挙都市に移住して、失業者統計に組み込まれた異例の時期であった。今回の失業者増大は、そうした一時的な要因ではなく、サービス部門を含めた都市の労働者が大規模に失業したのである。若者の失業率は五〇%を超えた。ギリシャでは九〇年代も失業率は低かったので、今次の危機で自信喪失に陥ったに違いない。両国の失業率が図Ⅳ-3のペースで低下しても、一〇%以下になるのは二〇二〇年以降のことであろう。

図Ⅳ-4には、フランス、イタリア両大国と北部のフィンランド、オランダ、オーストリアの失業率の推移を示している。イタリアはリーマン危機の中で若干上昇したが、ユーロ危機の第二波の二〇一二年に跳ね上がった。すでに指摘したように、イタリアはユーロ制度の不備欠陥の犠牲となったのである。

フランスはリーマン危機で上昇したが、ユーロ危機の影響はほとんど受けていない。問題はポスト・ユーロ危機段階になっても失業率低下を実現できないことだ。ドイツとの格差がドイツの「覇権国」化を許してしまった。フランスの経済力低下は罪が重い。

フィンランド、オランダ、オーストリアという「ドイツ圏」先進国の失業率は、リーマン危機以前と比べると、二ポイントから四ポイント上昇した。オランダでは銀行がサブプライム危機と国内の不動産バブルに深入りしていたため、失業率が高まり、一時は移民の国外流出も起きた。その後失業率はわずかだが下がっている。フィンランドはポスト・ユーロ危機段階に九%に上昇した。IT部門の国民的企業ノキアの不調が響いている。オーストリアは危機前と比べて若干の上昇だが、ピークでも六%以下にとどめている。

長期経済停滞の一因——為替相場の切り下げができない

GIPSY諸国の経済回復にはユーロ圏特有の構造問題がのしかかっている。為替相場の切り下げができないことからくる経済成長抑圧である。

ユーロ以前には、ヨーロッパ北部の優れた製造業・高付加価値部門と、南欧のサービス業・軽工業は相互補完的であった。両地域の競争力格差は為替相場変更によってそれなりに調整されていた。ところが、ユーロの下では為替調整は作用しない。競争力格差を縮小するには、南欧諸国の賃金引き下げや物価下落しかない。このような調整方法を、為替相場切り下げと対比して、「内的調整」という。内的調整には時間がかかる。数年ではとても調整は終わらない。ドイツやヨーロッパ北部諸国が賃金引き上げ・物価引き上げを行えば、それだけ早くなるが、それら諸国も低インフレが定着している。

バブル崩壊からの回復、内的調整による競争力の回復、双方ともに長時間を要する。それゆえに、ポスト・ユーロ危機の問題は構造的である。南欧経済の長期停滞はユーロ圏全体に跳ね返り、ユーロ圏が長期経済停滞に悩まされることになるであろう。したがって、経済政策の課題は南欧諸国の経済の浮揚をどう図るか、になるはずだが、そのように進んでいない。そこにこの段階のユーロ問題の深刻さが現れている。

3　ドイツの「独り勝ち」

「ヨーロッパの病人」から「独り勝ち」へ

これまでも繰り返し述べてきたように、ドイツ経済は二〇〇六年から今日まで好調だ。ヨーロッパで圧倒的な競争力を確保し、中国、ロシアなど新興諸国でドイツ製造品の市場シェアは急上昇した。経常収支黒字はGDP比ほぼ六%台を維持し、財政収支は黒字になった。日本に次いで高齢社会化が進むドイツだが、「高齢社会化は経済成長にマイナス」という運命論を寄せ付けない強さがある。

日本が「失われた一〇年」といわれた二〇〇〇年代初めにドイツ経済も苦境にあった。低成長、高失業、経常収支赤字、建設業の構造不況などにより、「ヨーロッパの病人」といわれていた。ドイツも「失われた一〇年」を経験したのだ。

だが、その原因は不動産・株価バブル破裂の日本とは違って、東西ドイツ統一であった。EU単一市場統合の好景気(一九八八〜九〇年)にドイツ統一景気(九一年)が重なって、ドイツにとって異例の高度経済成長が四年も続いた。結果的に、「設備過剰・雇用過剰・債務過剰」の日本経済の「三重苦」とよく似た状況に陥ったのである。

ところがドイツ経済は二〇〇〇年代半ばから盛り返し、ユーロ危機の中で「独り勝ち」となった。ドイツは日本とどこが違ったのだろうか。ドイツの「独り勝ち」はユーロ圏の将来にどのような意味をもつのだろうか。

国外の技術者も活用

ドイツ経済の好調の理由として、まずEUの「東方拡大」を指摘できる。二〇〇四年にチェコ、ポーランドなど中・東欧八カ国、〇七年にブルガリア、ルーマニアがEUに加盟した。これらの国がEU加盟を申請した九〇年代半ば、賃金は、もっとも高いチェコでもドイツの一〇分の一の低水準であり、しかも西欧企業の進出は大歓迎だった。西欧企業は大規模に進出し、中・東欧諸国を低賃金生産基地に創りかえたが、中でもドイツ企業の進出は群を抜いていた。

ドイツ企業はEU単一市場統合期(一九八五～九二年)に、西欧内部の生産体制を整備し直し、さらにポルトガルやスペインの企業を買収してドイツと結ぶ生産ネットワークを形成した。次に九〇年代から隣国のチェコ、ポーランド、ハンガリー、少し遅れてスロバキア、ロシアへと進出し、大西洋から中・東欧、ロシアまで汎欧州生産ネットワークを組織した。

ドイツの競争力はそれら「低賃金生産基地」の構築によって格段に強まった。二一世紀になると戦略はグレードアップし、中・東欧やロシアなど現地で多数の技術者を雇って研究開発を進め、本国の技術者不足を補ったうえに、現地と本国との間で技術のシナジー効果を高めた。日本企業はアジア進出で対抗したが、統一通貨ユーロの効果は日本に真似のできない、ドイツ特有の優位であった。

イタリア、スペインは、ユーロ導入以前、ドイツ製造業の手強いライバルであった。インフレで競争力が落ちると、為替相場を大幅に切り下げて競争力を回復し、再挑戦してきた。ところがユーロ導入で為替相場を切り下げることができなくなった。しかも、ユーロの下で、スペインは不動産ブーム、イタリアでは労働組合の圧力により、生産性上昇を上まわる賃金引き上げが続いた。一方、ドイツ企業は「工場を中・東欧に移す」と労働組合を脅し、賃上げを生産性上昇の範囲に止めるのに成功した。

南欧諸国やフランスの単位労働コストは、図Ⅳ-2のように、ドイツに対して上昇し、競争力を失っていった。外に対しては、ユーロ相場の効果が大きかった。ユーロは二〇〇〇年の一ユーロ＝〇・八五ドルの底から〇八年の一・六ドルまでほぼ倍に切り上がり（ユーロ高となり）、中国など新興諸国に対するイタリア、スペインの競争力にダメージを与えた。イタリア経済は長期停滞に陥った。スペインではGDPに占める製造業のシェアが低下した。だが、ドイツの精密品・高級品は新興国との競争にも強く、また東欧の低賃金生産基地とドイツ本国との連携による競争力強化が、高いユーロであってもドイツの国際競争力を支えた。一〇年に顕在化したドイツの「独り勝ち」は〇九年後半からのアジア向け輸出の急増に支えられていた。

リーマン・ショック後、ユーロは一転、ドルに対して大きく切り下がった（ユーロ安になった）。円が跳ね上がった日本と対照的だった。それが、ドイツの域外輸出を後押しした。二〇〇〇年と比較して一二年のドイツの輸出は、中国が五・五倍、ブラジル、インド、ロシア三カ国向け(合計)が四・五倍と新興国向けが急増した。ユーロ未加盟の中・東欧諸国向けも二・五倍に伸びた。ドイツ製造業はユーロに向かって敬礼というわけである。

劇薬だった構造改革

国内の構造改革も、ドイツ経済好調の一要因だ。ドイツ経済の苦境とユーロ導入によるEU内の競争激化に直面したシュレーダー社会民主党政権(一九九八～〇五年)は「アジェンダ2010」という構造改革プランを打ち出し、二〇〇三年から〇五年にかけて実施に移した。

先述したドイツの「失われた一〇年」の背景には、厳しい解雇規制や賃金の硬直性、手厚い雇用保険や失業給付が企業に高負担を課し、他方で「恵まれすぎた」失業者は就業インセンティブを弱めているという事情があった。そうした労働市場規制は、西ドイツ経済が好調のうちは、「競争と福祉の両立モデル」として高く評価されたが、ドイツ経済が落ち込むと一転して「構造的欠陥」といわれるようになった。完全雇用を前提とした西ドイツの手厚すぎる社会保障に東ドイツ住民がただ乗りする弊害も目立つようになった。

「アジェンダ2010」は労働市場改革、社会保障制度改革、税制改革など総合的な制度改革によって、ドイツの産業立地を改善し競争力を高めることを目指した。労働市場改革では、解雇保護法の改正による解雇制限の緩和（いざとなればクビ切りができるので、企業はかえって雇用しやすくなる）、失業者の手厚すぎる保護を廃して職業訓練を強制するなど、就労支援への移行を図った。社会保障改革では、失業手当給付期間を短縮（従来の三二カ月を、五五歳未満は一二カ月、五五歳以上は一八カ月へ短縮）、税・社会保険料負担を免除した低賃金労働や期限付き雇用の導入、さらに年金改革、医療保険改革が加わった。

労働組合は強く反対したが、シュレーダー政権は改革を断行した。一種の「劇薬」を国民が受け入れたのは、二〇〇五年当時ドイツの失業率はピークで一三％、旧東ドイツでは二一％と高く、ドイツ悲観論が蔓延するという背景があったからである。

シュレーダー改革がドイツの「独り勝ち」を生み出したとされるが、すべてをその改革に帰着させるのは行きすぎだ。上述したように、新興大国を中心にドイツの輸出が大きく伸び、輸出主導によって経済成長率が高まった面も重要だ。ドイツの産業構造は新興国の需要に適合的であった。また、ユーロ安も非常に重要な要因であった。

ドイツの経済政策思想と経済学の独自性

西ドイツはＥＣ統合の中軸であった。国が東西に分断され、共産主義体制の東ドイツにはソ連軍戦車部隊が駐留し、国境を突破すれば一昼夜で西ドイツ主要都市に到達する厳しい国際情勢の下に置かれていた。防衛面では米国に強く依存していたので親米であり、ECでは西欧資本主義圏に西ドイツを埋め込むこと(孤立しない制度づくり)に邁進した。ECに超国家機構を創設し超国家的なガバナンスを強化しようと、譲歩を重ねた。EC市場は輸出主導のドイツ経済に大市場を開放したので、西ドイツが統合を主導したのは理の当然ではあったが、安全保障上もECと北大西洋条約機構(NATO)が絶対に必要であった。西ドイツ国民の統合支持率は一貫して高かった。西ドイツは仏英のような大国型の自己主張(内政問題をECに持ち出す)は控え謙虚に行動したので、「経済的巨人、政治的小人」といわれていた。

ドイツ統一とソ連崩壊によって戦後ヨーロッパ体制は大転換し、ソ連の軍事的脅威は消え、中・東欧のEU加盟によって統一ドイツは欧州中央の大国となった。ドイツはEUに内政問題(国民の要求)を押し出すようになった。通貨安定、財政均衡、そして本書で述べた数々の主張をドイツ流の強引さをもって提案し、他国に押しつけるようになった。

フランスのレギュラシオン学派の総帥、ロベール・ボワイエはECBや物価安定に関する独仏両国、あるいは南北ヨーロッパの認識の違いを次のように言う。

「フランスのエリートは、ECBはよりよきポリシーミックスを達成するための道具であるべきだと考えるのだが、ドイツの専門家や政治家は、ECBの規範的役割はひとえに通貨の安定性を守ることにあるという」

フランス人にとって通貨はよりよい経済、よりよい生活をもたらすための道具である。中央銀行制度も同じ位置づけである。「生活が第一、制度はその手段」なのである。ところがドイツはそうではない。その独自性は、通貨の安定性(物価安定)を社会安定の基盤と捉えて、目的化・道徳化するところにある。「物価安定が第一、何があっても絶対に守るべし」と、道徳的規範ともなる。再びボワイエを引いておこう。

「(ドイツ人の考えでは—引用者)一人一人が条約で合意されたすべての規則を遵守するときにのみ、ユーロはその役割を果たすことになるだろう。ここに劇的な誤解が発生する。ユーロ圏の他の多くの加盟国にとっては、条約の各種条項は交渉の出発点であって、至上命令では全然ないのであった。ところが、合意した条項を遵守するということは、それについて議論したり自由に修正したりできない道徳上の問題なのである。北部欧州の諸社会ではこうした見方が広く普及しているが、南部ではそれほどでなく、こうした文化的・法的分断がユーロ救済プランを誠に困難なものにしつづけている」

第一次世界大戦とその後のインフレはドイツ中産階級に大打撃を与えた。一九一四年から二三年までに消費者物価は実に一兆倍になった。困ったのは年金受給者や大学教授など俸給を受け取る人々だった。大学教授は年俸制だから、蔵書の叩き売りなどで命をつないだ。中間層の零落がナチス台頭の一因となった歴史を踏まえて、通貨マルクの安定性を守ることは戦争への反省でもあり、戦後ドイツの規範となった。そのようにドイツ人は説明する。だが、ヒトラーの政権掌握はインフレではなく、世界恐慌によるデフレと大量失業によって実現した。ユーロ危機後デフレと大量失業でスペインやギリシャで急進左派政党が伸びている現実は、実はドイツの歴史と重なるのだ。だが、ドイツではなぜかインフレの話しかしない。

西ドイツの労使協調などに支えられて、世界一の物価安定が達成されて、ドイツ・マルクは一九六〇年代末には世界最強の通貨となり、敗戦国西ドイツ国民の誇りとなった。ドイツ国歌の一節「世界に冠たる我がドイツ」をもじって「世界に冠たる我がドイツ・マルク」と自讃したのである。成果が規範化を後押しして、相互に強めあい、ドイツ経済学も「インフレ絶対許さず」以外の他の価値観、たとえばケインズ経済学的思考までを排除してしまった。

ドイツの主流の経済政策思想は社会的市場経済である。市場では自由競争を徹底するが、市場が生み出す独占や格差社会は政府が是正するという。アングロサクソン流の自由放任主義とは一線を画すものの、自由市場の調整作用への信頼が非常に強く、戦前の古典派、戦後の新古典派のパラダイムを共有する。その独自性は、通貨の安定性(物価安定)を目的化・道徳化するところにある。

西ドイツでも中道左派の社会民主党にはケインズ主義を受け入れる流れはあった。一九六〇年代末のカール・シラー経済相や七〇年代末のシュミット首相はケインズ主義政策を用いた。

しかし、今日の社会民主党にその影響力はほとんど見られない。リーマン危機後、米英日を含めて先進国の成長力が弱い。ところが、ドイツは輸出主導の成長力を誇り、失業率を四％台に引き下げた。市場万能の新古典派経済学への自信を揺るぎないものとしたように思われる。

ショイブレ財務相は、「不況に耐えることで長期の繁栄を実現できる」と説教を垂れる。南欧諸国ではユーロ危機の後緊縮財政で不況が深刻化したが、我慢して構造改革をやればそのうちよくなりますよ、というのである。失業率二〇％超の長期不況を耐えているスペインやギリシャの国民はそれを聞いてどう思うだろうか。ＥＵの新「覇権国」ドイツの財務相のこの無神経、傍若無人は他のユーロ加盟国の不幸でなくて何であろう。ところが、彼はドイツの世論調査でメルケル首相を上回る支持率を集めるのである。

ドイツの異質性――「他山の石」としての日本

西ドイツと日本は一九八〇年代まで相並んで米国にキャッチアップし、米国の先端産業を破綻の危機に陥れながら輸出を伸ばし、企業進出も進めていった。両国は米英に対して日独伊防共協定を結び、第二次大戦をともに闘った同盟国である。七〇年代まで、日本人は西ドイツで歓迎された。パブでビールを飲んでいた時、「今度はイタリアぬきでやろう」といわれたと、七一年にドイツに留学した指導教授から聞いたことがある。イタリアは戦中に連合国に寝返った。日独だけで米英にもう一度挑戦しようと、連帯の挨拶だったのである。

時代は変わった。「失われた二〇年」の日本をドイツは冷たく見ている。まさに「他山の石」、日本の誤りをドイツは繰り返してはならない、というのである。一九八〇年代末、米国の勧める内需拡大策を採用したばかりに、日本はバブルを破裂させ、「失われた二〇年」に陥った。米国の要求で財政支出を続け、巨額の政府債務を積み上げた。だが、低成長に苦しんでいる。ドイツ人はそれを、「アングロサクソンの罠」とみている。競争国に無理無体な要求を突きつけて、米国と競争できない経済につくりかえていく。「内需を拡大せよ」という米国の要求をはねつけ続けたことによって、ドイツはヨーロッパ最強の国になった。これがドイツの歴史観なのだ。米国との摩擦を恐れず断固としてその要求をはねつける。「ゲルマン魂」である。

量的緩和策（QE）もドイツとユーロ圏から規律を奪う「罠」である。新規国債購入措置（OMT）もフランスや南欧諸国の仕掛けた「罠」である。このように考えるようになればユーロ圏諸国と、最低限やむをえない妥協はしても心を許すことはない。生産的な妥協にならないのである。

上述したように、ドイツのリーマン危機からの景気回復は、欧州レベル・世界レベルで構築したドイツ企業の生産ネットワークと競争力強化によるものだ。将来のドイツ経済の強化も「インダストリー4・0」という情報工学を駆使した第四次産業革命に見ている。すぐ後で説明するように、リーマン危機後、米英日や仏伊など先進諸国は非伝統的金融政策に依存しつつ回復をはかっている。ドイツ経済はそうした他の先進諸国とは異質の強さを誇っており、それがまた、南欧諸国や米国との意見の食い違いをもたらしている。

そのドイツはユーロ圏では孤立していない。ドイツをリーダーとするゲルマン諸国など旧ドイツ・マルク圏の諸国、北部の東欧諸国を加えると、ユーロ圏の過半数はドイツに同調する北部欧州諸国、東欧諸国が占めているのである。

4 ECB総裁の器――トリシェとドラギ

ECB総裁の交代がユーロ圏を救った

ユーロ危機の第二波が頂点に達した二〇一一年一一月、ECB第三代総裁マリオ・ドラギが就任した。第二代トリシェ総裁の政策は、リーマン危機にはそれなりの効果があったが、ユーロ危機対応は、正直にいって冴えなかった。ドイツ政府などに遠慮しながら、未曽有の危機に小出しの政策を繰り出した。ユーロ危機はいくつかの加盟国が離脱に追い込まれかねないほどの根本問題をECBに突きつけたのだが、トリシェ総裁は条約を超越する措置をとれなかった。

対照的に、ドラギ総裁は劇的というべき二つの「マジック」(超長期オペ[VLTRO]と新規国債購入措置〔ＯＭＴ〕）を決めてユーロ危機を沈静化させた。それだけでも驚くべきことだったが、彼は、ドイツ連銀の相次ぐ反対を押し切りながら、大胆な金融緩和策を推し進め、二〇一五年一月、ＥＣＢ政策理事会においてついに量的緩和策（ＱＥ：Quantitative Easing）を採択した。長期経済停滞と金融システム分断からの脱出をＱＥに託したのである。

ここでは、トリシェとドラギという二人のＥＣＢ総裁の政策を対比しながら、リーマン危機以後の新段階の経済と金融政策のあり方について考えてみたい。量的緩和策を主導した米英の中央銀行総裁、バーナンキ、キングの政策も紹介したい。

トリシェＥＣＢ総裁のユーロ危機対策

フランスのジャン＝クロード・トリシェは、二〇〇三年一一月、第二代の欧州中央銀行総裁に就任した。フランスとドイツの妥協により初代ドイセンベルク総裁は約五年で辞任、トリシェ総裁は一一年一〇月まで八年の任期をまっとうした。

トリシェ総裁はＥＵ通貨統合をフランスにあって支えた。エリート官僚育成の国立行政学院（ＥＮＡ）を経て財務省に入り、要職を歴任、一九九三年にフランス銀行総裁に就任した。総裁としての彼の課題は、ミッテラン大統領が推し進めた物価安定政策（「フランスのドイツ化」）の流れを強化し、ユーロ体制へと前進することであった。景気刺激を求めたシラク大統領とは「物価安定が重要」と主張してやり合ったという。

ＥＣＢ総裁時代の最大の功績を、彼は物価安定と述べている。一九五〇年代からユーロ導入までのドイツの物価上昇率より、ユーロ導入後のユーロ圏の物価上昇率の方が低かったのである。ＥＵ運営条約第一二七条一項「欧州中央銀行制度の主要目的は、物価安定を維持することである」という至高の目的を達成したことが彼の最大の誇りだった。しかし、退任までの三年余りは危機対応が最重要課題だったはずだが、それに関する彼の述懐は要領を得ない。

トリシェ総裁はいくつかの新たな措置に踏み出した。リーマン危機に対して、①金融市場に対する「最後の貸し手」、②固定金利満額供給（ＦＲＦＡ）方式によって銀行に資金の無制限供与、③ドル資金調達が困難になったユーロ圏の銀行へのドル資金供与、があった。ユーロ危機では、④危機国国債の購入（証券市場プログラム、ＳＭＰ）、⑤銀行からの証券買い取り（カバードボンド購入プログラム、ＣＢＰＰ）が加わった。これらの対策は、Ⅱ章で説明したように、ユーロ危機の沈静化をもたらすことはできなかった。

トリシェ総裁はドイツ流の物価安定に忠実であったが、ドイツと食い違った分野が二つある。民間銀行が保有する国債の債権カットに対する強い反対、もう一つはＳＭＰである。

ドイツでは中央銀行による民間銀行救済は支持されない。過剰な通貨発行を懸念するからである。中央銀行に「最後の貸し手」機能を委ねていない。民間銀行が破綻しても、中央銀行以外の「最後の貸し手」機能を担う公的機関が乗り出すか、民間の銀行団が救済するか、破綻を放置するか、いずれかである。二〇一一年四月、ギリシャのソブリン危機が再燃しかかると、ショイブレ財務相は民間債権カットを公言し、震え上がった大銀行はギリシャ国債を投げ売りし、金融市場は動揺した。トリシェ総裁はサルコジ大統領とともに圧力をかけ、ショイブレ財務相は自説を引っ込めた。同じ頃、ドイツ連銀出身のECB専務理事ユルゲン・シュタルクが「ギリシャの債務は持続不可能だから減免が必要」と提案したところ、トリシェ総裁は「通貨同盟に債務の減免などあってはならない」と真っ赤になって怒ったという。

SMPはドイツ連銀との間に対立を生み出した。すでに述べたように、EU運営条約は中央銀行による国債の直接購入を禁止している。ECBは、SMPによる国債購入は流通市場で行われるので「間接購入」(代金は政府に行かず投資家に行く)と正当化したが、ドイツ連銀は受け入れなかった。トリシェ総裁の最有力の後任候補とみられたドイツ連銀のアクセル・ヴェーバー総裁は二〇一一年二月、突然辞任を発表し、四月スイス最大の銀行UBSの会長に就任した。SMPをめぐる意見対立が背景にあった。上述したシュタルク専務理事も、一一年九月、「年末辞任」を発表した。八月からのSMPによるイタリア、スペインの国債購入への反対表明という。もっともその後継のヨルグ・アスムセン専務理事は、ユーロ圏諸国との協調を重視する中道左派ドイツ社会民主党に所属し、ドラギ総裁の右腕となった。

トリシェ総裁の基本方針は、物価安定の堅持と大銀行救済にあったのではないだろうか。まさにフランスのエリート官僚・従来型の中銀総裁であって、その視野は大危機の克服にまで広がらなかった。

二つの経済学とリーマン危機

国民経済の分析を行うマクロ経済学には二種類ある。平時の経済学と危機の経済学である。危機の経済学は一九三〇年代世界恐慌の時代にイギリスのケインズが開拓したケインズ経済学である。戦後さらに発展したが、戦後に大きな経済危機はなく、米国では経済安定化の経済学となり、日本では不況を切り抜け高度成長を継続する経済成長の処方箋に切り替わっていった。つまり平時の経済学として発展したのだが、危機に対する配慮も忘れなかった。したがって、リーマン危機が起きると、ケインズ経済学が再び輝きを放つ。

平時の経済学はアダム・スミスの昔から二〇世紀初めまでを支配した古典派経済学、それを継承しつつ工夫を加えた戦後の新古典派経済学である。新古典派は一九七〇年代に支配的理論となり、九〇年代に絶頂期を迎えた。ユーロ制度を設計したドイツ連銀の経済学もこの新古典派の考えを受け入れていた。

スタグフレーションは、スタグネーション(経済停滞)とインフレーションとを合成した造語で、

「不況の中のインフレ加速」という意味である。一九七三年末に石油輸出国機構（ＯＰＥＣ）の価格カルテルによって原油価格が四倍に跳ね上がり、世界不況に突入し、不況克服のためにケインズ政策が発動されたが、先進国の多くで、有効な処方箋とはならなかった。金融政策を緩め財政赤字を出して有効需要を拡大しても、投資や消費は期待通りには伸びず、かえってインフレーションが激化したからである。

これを批判して、新古典派経済学がケインズ経済学を駆逐し、支配的政策理論となった。その司令塔はシカゴ大学のミルトン・フリードマンであった。その理論は単純で、中央銀行が銀行への資金供給（ベースマネー）を絞り込めばインフレが抑制される、というのであった。確かにその通りで、ベースマネーを絞れば、不況になって失業者があふれる。完全雇用優先のケインズ経済学はその状況に耐えきれず、再びベースマネーを緩めてしまうのだが、新古典派は「大量失業にめげてはいけない」として引き締め政策を貫徹する。失業者が大規模になれば、賃上げ要求はすぼみ、インフレは沈静化するのである。

この学派によれば、市場は自動調整して最適状態を創り出すので、危機対策はいらない。政府や中央銀行の経済介入は市場をゆがめて害の方が大きいというのである。したがって、リーマン危機が起きるとお手上げ状態になった。危機を分析する理論装置も、適切な政策の準備もなかったからである。民主党政権下の超円高とデフレになすすべを知らなかった日銀の白川方明前総裁がシカゴ大学でミルトン・フリードマンに学び、修士課程を終えているのは象徴的だ。

リーマン危機とＭＩＴ学派

新古典派経済学の自由市場万能論は経済と金融の自由化、金融グローバル化を後押しし、一九三〇年代から戦後にかけて構築された管理資本主義は、グローバル金融資本主義へと転換していった。八〇年代、米国レーガン大統領と英国サッチャー首相の主導する新自由主義政策によってグローバル金融資本主義は始まり、やがて世界の潮流となって、ついにリーマン危機へと至った。これについては、前著で説明した。リーマン・ショックは一夜にして世界金融危機となり、実体経済を戦後最大の不況に陥れた。三〇年代に匹敵する資本主義の危機であった。

一九三〇年代の経験により、ケインズ主義の危機対策が発動された。低金利政策と財政支出政策のポリシーミックスである。米英両国でも二〇〇九年の財政赤字はＧＤＰ比二桁となった。ところが、危機の元凶である銀行が大規模な財政支出で救出されることになった（「ベイルアウト」）。大衆の怒りが爆発し、米国の共和党、イギリスの保守党は緊縮財政を主張する。ベイルアウト政策を実施したイギリス労働党は選挙で敗北、米国でも財政拡大に歯止めがかかった。財政緊縮が進められ、危機救済の仕事は金融政策にのしかかったのである。

幸いにもＦＲＢのベン・バーナンキ、イングランド銀行（中央銀行）のマーヴィン・キングという卓越したケインズ経済学者が中央銀行総裁であった。二人とも博士学位をもちマサチューセッツ工科大学（MIT）で教鞭を執り、国際機関や民間研究機関などの研究職も兼任したとびきり優秀な経済学者であった。

ケインズが一九三〇年代に示した危機の見方と処方箋は、とりわけ米国のケインズ経済学者に受け継がれ、発展していた。その中核がMITだった。バーナンキはMITの専任教授、キングは客員教授だった。ジャネット・イエレン現FRB議長の夫ジョージ・アカロフもMITの研究者であり、ノーベル経済学賞を受けた。そして、マリオ・ドラギECB総裁もMIT人脈である。竹森俊平氏によれば、MIT学派の標語は「現実問題を解決するための経済学」であった。

マリオ・ドラギの経歴はI章で紹介した。MIT大学院留学時には、ノーベル賞受賞のフランコ・モディリアーニに師事して、一九七六年、「経済学とその応用について」というタイトルの博士論文を提出している。図抜けた政治力も併せもっていたようで、愛称は「スーパー・マリオ」である。米国最大の投資銀行ゴールドマン・サックスの副会長をつとめ、「金融市場の心を読む」術を身につけたかもしれない。まさに理論と実践、それに度胸と用意周到、それが彼の金融政策の特徴である。彼の欧州統合論も精彩を放っている。

ドラギ総裁はＯＭＴをどう正当化したのか

ドラギ総裁は二〇一二年九月、ドイツ産業連盟の年次総会で講演し、「新規国債購入措置（ＯＭＴ）の合理性」を次のように説明している。ユーロ圏には「根拠のない恐怖とテールリスク」があり、そのために、金融市場は分断され、南欧諸国では不当に高い銀行金利になり、金融政策は正常に機能できていない。ここでテールリスクというのは、ユーロ圏からの南欧危機国の離脱のような事態を指している。それを取り除き、国債市場に信頼できる防護柵を提供することによって、金融政策の伝達経路も改善されていく。ＯＭＴはまさにそのための手段であって、投資家も状況の改善を確認しつつある。ドイツの貿易のユーロ圏への依存度はＧＤＰ比で一九九九年の二五％から一〇年には約四〇％に増え、直接投資もユーロ圏への依存度が高まっているので、南欧の経済状況が回復するのはドイツ産業の利益になる。

「金融政策の伝達経路の改善」とは、金融システムの南北分断を縮小、つまりドイツとスペイン・イタリアの間の金利格差を縮小する、ということである。ＥＣＢは単一の金融政策を提供する義務があるのに、投資家のリスク観によって国境に沿って金融システムが分断されている。その是正はＥＣＢの義務に属する、というのである。

ドラギ総裁はさらにドイツ人に耳の痛い話を突きつけている。そもそもユーロの設計には欠陥があった。市民や投資家がユーロ圏に対する信頼を回復するためには、その脆弱性が最終的に修正されたと彼らが確信する必要がある。これはドイツにある「マーストリヒト条約(原初ユーロ制度、つまり「ユーロ1・0」)に戻れ」という主張への正面切った批判である。

ドイツ人に遠慮することなく核心的な問題を突きつけ、ユーロ制度改革を説得し、OMTを正当化する。その度胸と積極性は出色だ。「例外的な時代には、安定を回復するために例外的な措置が必要な時もある」と述べて、ユーロ圏の制度改革の持続が必要と強調する。そして、「安定にとって最大のリスクは行動することではなく、行動しないことである。それゆえに、ECBは行動した」と締めくくっている。

5　ドラギ総裁と量的緩和策(QE)

量的緩和策とは何か

リーマン危機は一九三〇年代の世界大恐慌以来の本格的な金融危機であったが、三〇年代危機を頭に叩き込んでいた中央銀行のエキパート達が適切な政策を展開したおかげで、世界大恐慌に発展せず、「戦後最大の金融経済危機」で食い止められた。まず、FRBのバーナンキ議長があげられる。大恐慌の研究を危機対策と経済回復政策に活かした。彼が果断に新奇の政策を貫徹しなかったら、世界経済はどうなっていただろうか。

　FRBはリーマン・ショック直後に金融機関の保有する証券を大規模に買い取るなどして金融システム崩壊を防いだ後、伝統的な金融政策、つまり金利政策を使って景気を回復させようとした。金利を限界まで引き下げたが、経済は反応しなかった。金利はゼロ%が限界であって、それでも経済が回復しないなら、別次元の政策に着手するしかない。それが非伝統的政策であり、その中核は量的緩和策(QE)である。米国では長期国債と住宅ローンを束ねたモーゲージ担保証券(MBS)とを中央銀行が大規模に購入した。長期国債購入で長期金利を引き下げ、MBS購入で証券価格上昇をはかり住宅価格の下支えと住宅部門の景気回復を刺激するのである。

　FRBはQEを三次にわたって発動したが、二〇一二年九月から翌一三年一二月までの第三次緩和策(QE3)の効果は絶大で、ピーク時一〇%を超えた失業率は一三年末七%を切った。株価、住宅価格ともにQE3の期間中顕著に上昇し、経済成長も強さを増した。一四年二月就任したイエレン新議長はQEの規模を漸次縮小してやがて停止し、出口(政策金利引き上げ)を模索する政策へと転じることができた。

　イギリスではイングランド銀行(中央銀行)総裁マーヴィン・キングが、リーマン・ショックで大きく傷んだイギリス大銀行に、FRBとの通貨スワップ協定によって獲得した巨額のドル資金を供与して破綻を防ぎ(政府による大銀行ベイルアウトにも救われた)、次に二〇〇九年三月にQEを採用して、イギリス経済を徐々に成長軌道へ引き戻した。イングランド銀行のQEの効果については「はっきりしない」という意見もあるが、キャメロン政権による戦後最大の財政緊縮と並行してQEが実施された点をもっと重視すべきであろう。

財政が超緊縮となったのでイギリスの成長率は二〇一二年〇・七％に落ちたが、成長率低下に対抗するようにQEによる国債購入額は急増した。成長率は一三年に二％に接近し、一四年から二％台後半の成長を続けてユーロ圏を引き離している。キング総裁がQEを貫き、一三年七月カナダ銀行総裁から転じたカーニー新総裁が金融緩和政策を引き継いだが、一三年以降は中央銀行の資産額は横ばいで、QEは停止している。

なぜQEなのか

なぜQEがリーマン危機後に必要になったのだろうか。米国の元財務長官でハーバード大学教授のローレンス・サマーズの説明は説得力がある。彼もMIT学派であるが、二〇一三年一一月IMF会合の講演で有名な「長期経済停滞論」を披瀝して注目を浴びた。

「完全雇用を達成するのに必要な短期の実質金利」のことを「自然利子率」という。スウェーデンの経済学者クヌート・ヴィクセルが二〇世紀初頭に最初に提示し、ケインズは『貨幣論』（一九三〇年）でその考えを展開した。その「自然利子率」がリーマン危機後の米国経済ではマイナス二％とかマイナス三％になっているのではないかと、サマーズは指摘した。金融政策でマイナス金利にはできないから、完全雇用は回復せず、経済は長期停滞に陥る、というのである。

米英両国はリーマン危機の震源地であった。ユーロ圏は震源地とはいえないものの、西欧の大銀行は米英両国の大銀行とともにサブプライム危機の共犯者、ユーロ危機のA級戦犯だった。したがって、ユーロ圏の金融機関全体がリーマン危機、ユーロ危機で、巨額の不良債権を抱えた。企業は危機前の借りすぎを危機後に返済しないといけない。儲けが出ても銀行にひたすら返済するから、投資額は落ちる。家計も住宅ローン、自動車ローン、その他のローンの返済があるから、消費を抑えて返済すると、所得から消費を引き去った残額の割合、つまり貯蓄率が上がり、経済成長にマイナスに作用する。野村総合研究所のチーフエコノミスト、リチャード・クーはこのようにして生じる不況を「バランスシート不況」と名付け、日本の「失われた一五年」の説明に使った。それでも日本経済が大不況に落ち込むこともなく失業率を大して増やすこともなく経過したのは、財政赤字を連続して発動し、有効需要を維持したからである、とクーは分析した。

米英欧もリーマン危機後、類似の状況に陥ったのではないだろうか。ユーロ圏では建設業の落ち込みは特にひどかったが、他の業種の企業も低成長を見て投資を控え、企業貯蓄が累積する。EUの経済停滞の最大の要因は投資の大幅な落ち込みだ。二〇〇七年と一三年を比較すると、四三〇〇億ユーロ（約五六兆円）もの投資減退が生じており、とりわけ周縁のＧＩＰＳＹ五カ国で厳しい。

リーマン危機後は危機前と先進国の経済のあり方が違ってしまったのだ。「自然利子率」がマイナスの下で財政も緊縮になる中で、中央銀行に景気回復の責任が全面的にかかる。金利ゼロで効果がでなければ、非伝統的金融政策に乗り出すほかなかったのである。

とはいえ、実体経済は弱々しいままなのに、危機の張本人だった金融セクターがＱＥによって先ず回復した。実社会にとって腑に落ちない展開であり、それがＱＥへの批判を強めているようにも思われる。ＱＥを批判する金融専門家や経済学者は非常に多い。リーマン危機以降の資本主義の変容を十分に理解していないか、イデオロギーによるのか、いずれにせよ古い基準で判定している可能性が高い。他方で、ＱＥを擁護する側も十分に納得的な説明を提供するまでには至っていない。現在はそういう時期であろう。

ドラギ総裁のＱＥ採択

二〇一三年秋のユーロ圏経済予想は改善を示していたが、一四年が明けると経済は徐々に悪化した。ウクライナ・ロシア紛争によるＥＵのロシア制裁（一四年三月から徐々に強化され、八月に厳格化）、中国経済の減速など新興国経済の悪化を受けて、ドイツの景況感が冷え込んだ。その中で三月には一・四ドルに迫るユーロ高となり、フランスなどの輸出企業から悲鳴が漏れた。年後半にはさらに落ち込んだ。原油価格の大幅な下落の影響もありインフレ率は低下を続けた。

こうした経済情勢の悪化に対して、ドラギ総裁は、新政策を繰り出した。先ず二〇一四年六月、ECBへの銀行の預金（最低準備を超える「超過準備」）の金利をマイナス〇・一％にして、預金手数料を徴収し、銀行が中央銀行預金を企業や家計への貸出に振り向けるよう迫った。同時に、「目標を絞った長期貸出」（TLTRO）を採用した。家計・企業向けの貸出増加を目標に銀行に長期低利の資金四〇〇〇億ユーロを年内に供与し、翌年以降も継続する。しかし、年内の利用額は二〇〇〇億ユーロ超にとどまった。ECBは九月政策金利を〇・〇五％へ引き下げ、中央銀行預金の金利をマイナス〇・二％とした。一〇月にはモーゲージ担保証券（MBS）やカバードボンドなど民間証券の購入に乗り出した（月の購買額約一〇〇億ユーロ）。

米英両国の中央銀行資産額はQEによって二〇〇七年比で約五倍に拡大した。ECBでは、VLTROによって〇七年比約三倍（三兆ユーロ）となったが、多くの銀行が早期返済したため、一四年半ばには二兆ユーロに縮小した。米英両国では資産額は維持されていたのに、ECBだけ資産大幅減となった。中央銀行の資産減少は民間銀行への貸出減少であり、銀行の貸し渋りを助長しかねないため、ドラギ総裁は三兆ユーロまで戻したいと述べた。

一兆ユーロも資産を戻すにはQEしかない。だが、ドイツ連銀や同調するオーストリア、オランダ、フィンランドなど北部小国の中央銀行の反対が根強かった。また、ブリュッセルの有力シンクタンクや経済学者の反対もあった。資本市場での資金調達依存度の高い米英ではQEの金融市場への影響は大きいが、銀行依存度の高いユーロ圏ではQEは効かないというのである。

二〇一四年末ユーロ圏はついにデフレに陥った。原油価格の大幅下落の影響はあったが、「ユーロ圏の日本化」と騒がれて、世界にショックを与えた。マイナス金利の効果は乏しく、長期低利資金の銀行供与(TLTRO)も期待外れで、残る手段はQEしかなくなった。翌一五年一月二二日の政策理事会で、ドラギ総裁はドイツやオランダの中央銀行の反対を押し切ってQEを採択した。

三月から毎月六〇〇億ユーロの証券購入を継続する。購入規模は米国のQE3にほぼ匹敵する。期間は二〇一六年九月までの一年半であり、最低でも一兆一〇〇〇億ユーロの資金を市中に放出するプログラムである。インフレ率が目標の二%近傍に届かない場合には期限を延長する。ユーロ圏各国の国債の購入規模はドイツ二七%、フランス二〇%など、ECBへの出資シェアに合わせる。ユーロ圏全体では、国債の非居住者(国外の投資家)のシェアは三五%程度だが、独仏では六〇%台と高く、イタリア・スペインでは国内投資家のシェアが高い。銀行から国債を購入する場合の国内への効果は南欧で大きくなるであろう。なお、ギリシャは国債の適格担保条件を満たさないなどの理由で、QEから除外されている。

ドイツ連銀はQE採用に反対し、採用後も様々に批判しているが、金融市場は問題にしていない。ECBがユーロ圏の司令塔の地位を確立するにつれて、ドイツ連銀は、ユーロ圏諸国の中央銀行と同じように、単なるローカルな中銀支部へとその地位を引き下げられた感が強い。

QEの効果はなぜプラスなのか

デフレを防ぎインフレ率を高め、経済成長を下支えする。証券価格上昇によって資産効果を引き上げ、企業の資金調達を容易化する。それにユーロ圏特有の「金融システム分断」、つまり南北の金利格差の是正もQEの重要な目標であった。

ドラギ総裁やECB専務理事によると、QEの効果は、金利引き下げ効果(効果①)、ポートフォリオ・リバランス効果(効果②)、ECBによるシグナル効果(アナウンスメント効果。効果③)の三つである。為替相場は金融政策のターゲットではないので、公式には効果に含めていないが、①と②は、ユーロの対ドル為替相場引き下げ効果をもつ(効果④)。ユーロ安は輸出を促進し、経済成長に貢献する。一方、輸入物価上昇を通じてインフレ率を高める。欧州委員会のモデルでは、五%の名目実効為替レート(主要な貿易相手国の諸通貨に対するユーロ為替相場の変動の平均値)の下落は、二年間にユーロ圏GDPを〇・五%、インフレ率を一年後に〇・三%押し上げる。

先ず効果①だが、QEは中長期金利をユーロ圏全体で引き下げる。南欧諸国ではその引き下げ効果は大きい。バブル破裂によって政府も民間も過剰債務を抱えているので、低金利・ゼロ金利は債務負担を軽減し、債務の負担膨張を抑える。銀行への返済も楽になり借金が減る。長期を含めて銀行から借りやすくなり、経済成長を助ける。部分的に行きすぎや失敗は起きても、バランスシート調整・責任ある金融行動へのインセンティブを創り出す。

効果②のポートフォリオ・リバランス効果とは、ECBが大規模に国債を買えば、市場で国債が不足し、投資家は社債や株式など他の資産の購入に動き、それらの諸市場を活性化する。またQEに応じて証券を売る銀行は資金を獲得し、企業や家計への貸出を増やすであろう。効果③のシグナル効果とは、長期の一貫したQE政策により投資家に安心感を与えて投資を促す。

他方で、QEは分配問題に直面する。長期の低金利は貯蓄者を懲罰し債務者に利益をもたらす。また、QEにより資産価格が上昇し、富者に利益をもたらし、不平等(格差)を拡大するかもしれない。

この問題に対してドラギ総裁は次のように言う。QEを行わなくても、所得分配効果は生じる。全面的不況になれば分配状況はもっと悪化する。超低インフレやデフレになると、純債務者である若い世帯主(一六歳から四四歳)の家計へのダメージが最大で、若い層から年配層への富の移転になる。超低金利政策は債務者の重荷を軽減し、企業と家計に前向きの決定をするよう励まし、投資にもインセンティブを与える。それ以上に重要なのは、高い株価は投資家に低コストの投資を可能にし、低金利は実物投資をする投資家を助け雇用を増やす。また消費者の借入を容易にして消費を拡大するなど、こちらのメリットも見なければならない。

効果は発揮されているのか

実施から三カ月ほどの間、QEの効果は顕著であった。長期金利の低下、株価上昇、ユーロ安(一・二ドルから一・〇五ドルへ)が進んだ。外国投資も急増したが、ポートフォリオ・リバランス効果と見てよいであろう。インフレ率はマイナス〇・六%からプラスへ戻った。経済成長率と失業率でも幾分改善が見られた。

金融システム分断は大きく是正された。イタリアとスペインの長期金利(一〇年物)は二〇一五年初めには二%を切り、ドイツとの格差は一%ポイント以下になった。南欧諸国とドイツ・フランスの間の銀行貸出、住宅ローン金利の格差は一四年半ばから縮小していたが、一五年に入ってその傾向は加速した。ほぼ予想通りのQE効果が現れたのである。効果が顕著だったので、「QEは予定より早期に終了」という声もあった。一五年六月、ECBは一五年の経済成長率を一・五%、一六年を一・九%、インフレ率は一五年〇・三%、一六年一・五%と予想した。

だが、二〇一五年七月に入ると、中国で経済の成長減退が非常に明確になり、暴騰していた株価は暴落に転じた。政府当局の価格支持行動も効果が無かったため、ショックが広がった。さらに八月には人民銀行の突然の為替切り下げをきっかけとする世界株価暴落から世界的な混乱(「中国ショック」)となり、また天津の化学工場の爆発事故などが相次いだ。中国だけでなく新興諸国経済の低成長化も明らかになった。投資家のリスク警戒が広がって世界規模で株価下落、成長率の下方修正となった。

ユーロ相場もQE前の一・一五ドルに戻った。輸出減少が予想され、ECBは九月の景気予想で二〇一五年の成長率一・四%、一六年一・七%へ、インフレ率はそれぞれ〇・一%、一・一%へ下方修正した。実体経済への影響では、QEによって一五年三月から七月までの五カ月間でユーロ圏銀行の家計向け貸出は好調な個人消費を背景に約六〇〇億ユーロ伸びたが、企業貸出は二〇〇億ユーロ弱と、伸び悩みが続いた。ユーロ圏の外からのショック波及により、QEの効果も減殺された。

二〇一五年九月にはデフレに落ち込んだ。ECBはQEの追加拡大、期間延長、マイナス金利のさらなる引き下げなど景気刺激策へと進むことになろう。だが、経済成長を取り戻すには、ユーロ圏諸国政府が経済成長支援策をとる必要がある。財政緊縮を緩め公共投資によってインフラ整備を進めるなどの行動が必要になっている。

ＱＥには予期せぬ効果もあった。二〇一五年にギリシャの反乱が起きたが、国債利回りの急騰はギリシャだけで起き、他の南欧諸国にはほとんど波及しなかった（図Ⅰ-1を参照）。Ⅲ章で述べた欧州安定メカニズム（ＥＳＭ）や新規国債購入措置（ＯＭＴ）など「ユーロ２・０」の整備の効果が基底にあるが、ＱＥによりユーロ圏各国の国債が買い上げられるので、投資家がギリシャ以外の南欧諸国の利回り急騰を懸念しなかったことが大きく影響した。

スペイン、イタリア、ポルトガルは今なおユーロ危機のダメージから抜け出せていない。スペインではバランスシート調整を続けている。イタリアでも銀行は貸出に慎重姿勢を崩していない。ポルトガルでは政府の財政緊縮に野党の反対が強まっている。世界的に銀行への規制や監督も厳格化されているが、ユーロ圏でも同じであり、ユーロ圏の銀行貸出にも影響を与えている。

外資流入で覆い隠されていた先進の西欧・北欧と南欧諸国との格差問題（「コア＝ペリフェリ問題」）がユーロ危機によって劇的な形で現れてきている。ＱＥは金融システムの南北分断に効果を発揮しているが、それでコア＝ペリフェリ問題が解決するというものではない。この問題の解決が見えない限り、ポスト・ユーロ危機段階は終わらないのである。

V章　ユーロ危機とギリシャ
――財政緊縮政策から反乱へ

ギリシャでの国民投票を前に，緊縮政策に反対票を投じるよう訴え，国会議事堂前に集結したデモ隊．2015年6月29日，アテネ(AFP＝時事)

ギリシャはユーロ圏の「問題児」である。ユーロ危機の金融パニック第一波から第三波までの発火点であった。「トロイカ」の定めた緊縮ルールに従って徐々に経済を立て直す他の南欧諸国と違って、ギリシャのチプラス政権はユーロ圏に反乱を起こした。ひとまず収束したものの、ギリシャ問題は近い将来再燃しそうだ。何が問題なのか。ギリシャの行動を理解するには、ドイツの債権者視点ではなく、「ギリシャ目線」が必要だ。そうした視角からギリシャ問題を見直してみたい。

1　ギリシャの経済運営――ユーロ以前と以後

ギリシャのEC加盟

ギリシャは一九八一年、欧州共同体（EC。九三年EUへと発展）に加盟した。観光、船舶輸送という伝統的な基軸産業に加えて、一定の重化学工業化にも成功し、スペイン、ポルトガルとともに、七〇年代後半にEC加盟を申請していた。ECは政治的利益が経済的不利益（三カ国への経済支援）を上回ると判断して、南欧三カ国のEC加盟を承認した。

当時は冷戦時代。資本主義と社会主義、米国とソ連が対立を続けていた。ソ連黒海艦隊の地中海への出口であるダーダネルス海峡を抑え、中東へも近いギリシャは地中海の軍事的要衝で、地政学的に重要であった。ギリシャはヨーロッパ文明・文化の源とされ、民主主義発祥の地である。そうした歴史的文化的な要素も作用し、他の二カ国より五年早く加盟できた。

財政赤字を起動力とする経済成長――EC加盟後の経済運営

EC加盟後のギリシャの経済運営の指標を見てみよう。一九八一年から九〇年代初めまで、

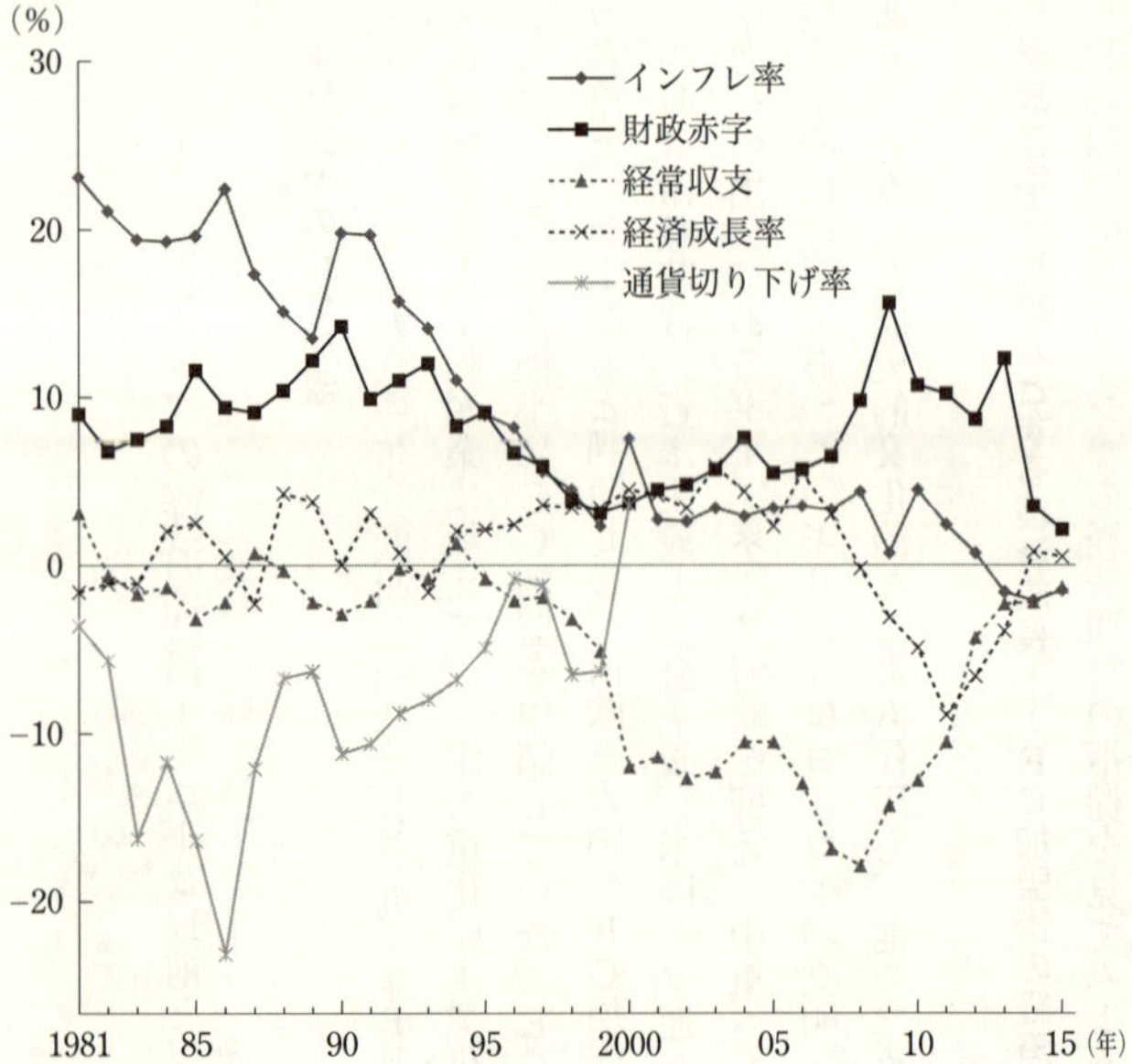

注：通貨切り下げ率は各年の切り下げ率をIMF方式で計算(2001年ユーロ加盟)．財政赤字はプラスが赤字，経常収支ともにGDP比

出所：European Commission, Statistical Annex of European Economy, European Economy No. 6/2002, Deutsche Bundesbank, Devisenkursstatistik 各号より作成

図V-1　ギリシャのマクロ経済指標(EC加盟後)

ギリシャ経済の特徴は、二〇％前後のインフレ、一〇％近傍（GDP比）の財政赤字、毎年ほぼ二桁の通貨切り下げであった（図V-1）。

この時代、産業力の弱いギリシャ経済を起動させる役割を財政支出が担った。財政支出により公共投資、公務員雇用、年金などが膨らむ。消費と投資が増えて経済成長率は高まるが、国の生産力や徴税力に比べて過大な財政支出となる。赤字国債の発行は中央銀行引き受けとなり、二〇％レベルのインフレーションがほぼ連年起きた。急激な物価上昇により国際競争力を喪失するので、通貨を大きく切り下げて競争力を回復する。経済成長はプラスとマイナスへ短い周期でサイクルを描いたが、平均二％台の成長は確保していた。ＥＣ加盟から一五年間、「財政赤字・インフレ・通貨切り下げ」がギリシャ経済運営の「三位一体」であった。

一九八〇年代後半、ＥＣは単一市場統合に乗り出し、大企業の国境をまたぐ競争が強まった。八六年にＥＣに加盟したスペイン、ポルトガルは低賃金生産基地となり、西欧諸国の企業や銀行が進出したが、ギリシャは地理的にも西欧から遠く隔てられ、企業進出もなかった。単一市場統合などどこ吹く風とばかり、旧態依然の経済運営を続けたのである。

ユーロ加盟へ

そのギリシャにとっても通貨統合は魅力的だった。ユーロが自国通貨になれば、輸出でユーロを稼ぐ必要はなく、輸入も海外旅行も支払いは容易だ。富裕階級の子弟の海外留学を含めて国際活動も楽々支払える。ユーロとドラクマでは横綱と幕下くらい格が違う。政府はユーロ加盟に舵を切った。

一九九六年の新政権からギリシャの経済運営は大転換する。ユーロ加盟には「四条件・五項目」の関門があった。インフレ率を抑えないと、ユーロに加盟できない。「財政赤字はGDP比三%以下」である。政府は改革を進め、通貨切り下げ幅も縮小した(図V-1参照)。

EU単一市場統合の一環として、一九九四年ギリシャは資本移動を自由化した。その年からプラスの経済成長率が続いた。ギリシャのユーロ加盟を念頭に、外資が流入してきたからである。金利は急激に下がり、プラス成長を後押しした。ユーロ加盟の方針が九〇年代半ば以降ギリシャ経済に明らかにポジティブな効果をもたらした。ギリシャの長期金利(一〇年物国債利回り)は、概数で、九三年二四%、九六年一五%、九七年一〇%、九八年七%と低下した。西欧の大銀行が高利回りのギリシャ国債の購入を増やしたからである。金利が下がっていけば国債価格は上昇し、銀行は丸儲けである。九九年、非居住者のギリシャ国債保有シェアは二一%に達した。

ユーロ導入の一九九九年には「加盟四条件」を満たせなかったが、二年遅れて二〇〇一年、ユーロ加盟を果たした。アテネ市民は〇二年一月一日午前〇時、シンタグマ広場(憲法広場)に大集合して、ユーロ現金導入を盛大に祝賀した。

ユーロの低金利による繁栄

ユーロ加盟後、ユーロの低金利が経済成長の新たな起動力となった。長期金利(一〇年物)はユーロ加盟の二〇〇一年、五％台まで低下、〇三年から〇八年まで四％台と未曽有の低金利となったため、住宅投資、消費、設備投資を刺激し、成長率は高まった。住宅投資は二〇〇〇年から〇七年までGDP比七・五％（年平均）を占め、ユーロ圏ではアイルランド、スペインに次いで第三位であった。低金利の下で家計、企業、政府のいずれも借金を膨らませる消費・財政ブームになり、やがてバブル経済へと移行していった。

賃金上昇も顕著であった。「雇用者報酬」（賃金プラス社会保障手当など）は二〇〇〇年から〇八年までに五五％上昇、ドイツはわずか一五％で、両国の競争力格差は大きく開いた。同じ期間にギリシャの消費者物価上昇は三〇％、実質賃金は大幅に上昇した。賃金は民間部門が五〇％、公共部門は二倍の上昇で、消費ブームを支えた。競争にさらされる貿易財部門では物価上昇は二〇％と非貿易財部門の半分に留まった。ギリシャの輸出は減退せず、輸入が増大した。

年金制度はインフレ低下で維持不可能に

ギリシャ政府の国債利払い費は一九九〇年代半ばにGDP比一一％だったが、ユーロの低金利のおかげで二〇〇〇年代半ばには五％台に低下、代わって、年金支払いが財政赤字を押し上げた。ポピュリスト政権によって年金制度は受給者有利に変更されてきた。公務員は五三歳から受給の権利があり、停年退職時の給与の九〇％を受け取るという持続不可能な制度に発展した。独身の娘は親の年金を継承できる。一〇年、年金供与額のGDP比は一六%と、EU最高であった。

退職までの最終五年間の賃金に対する年金の割合は七〇%(絶対額で見ても、年金基金に満額を払い込んだドイツ人労働者の水準を超える)、年金払い込み額は供与額に対してわずか二九%、赤字は膨張していった。年金管理システムはずさんであった。

一九九〇年代半ばまで高インフレがこうした制度を持続させる装置であった。年金は年二〇%のインフレで毎年大幅に減価するからである。ところがユーロの下では、インフレは年率三%台。減価システムはもはや機能しない。制度改革を行うべきであった。だが、選挙がある。政府は制度を維持し、借金を重ねた。外資流入が盛んで、政府の借金は容易だった。

EUへ虚偽の財政赤字報告——その実態

ユーロによってギリシャの経済運営は根本的に変更された。金融政策はギリシャの手を離れ、中央銀行の国債直接購入もできなくなった。だが、財政支出は経済成長の起動力であり続けた。二〇〇三~〇六年の財政支出のGDP比は年平均四〇%だが、〇九年四九・三%に高まった。国民一人当たりでは、二〇〇〇年から〇九年までに五四%も上昇、ドイツ一四%、イタリア一六%、フランス一七%をはるかに超え、ポルトガル二二%と比べても二倍超である。「財政バ

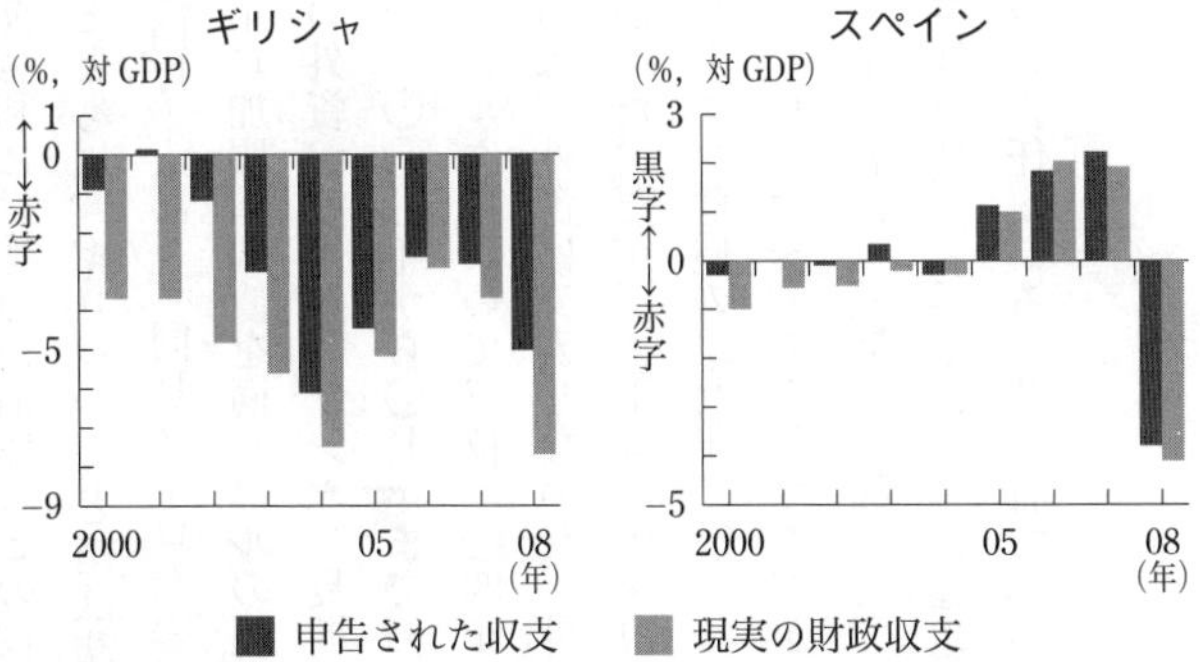

出所：欧州委員会データによりシンクタンク「ブリューゲル」が計算

図V-2　ギリシャとスペインの財政収支——申告と現実の比較

ブル」といってよいほどだ。ギリシャ政府はEUに毎年虚偽報告を提出し巨額の財政赤字を継続していたのである（図V-2）。

図のスペインでは収支の申告数値と現実との差は小さく、二〇〇五年から〇七年まで黒字であった。ギリシャは差が大きい。二一世紀初頭には米国の投資銀行ゴールドマン・サックスに巨額の手数料を支払って、虚偽数値の操作方法を教授してもらったともいわれる。ユーロの下で、「財政赤字・ユーロ低金利・外資流入」の新「三位一体」がギリシャ経済を回転させていた。

ギリシャの経済運営の秘密は外資流入

経済が正常ならECBの金融政策によって短期金利はすべてのユーロ加盟国で同一水準になる。長期金利では国ごとの投資リスクが考慮されて、リスクの高い国では長期金利は高くなる。日本国内でも地方債の長期金利には地方自治体ごとの投資リスクが反映し、かなり格差がある。ところが、ユーロ導入とともに、ギリシャなど南欧諸国の長期金利はドイツのそれよりわずかに高いだけとなった(図Ⅳ-1参照)。同じユーロなので同じ長期金利と投資家は考えたのかもしれない。ECBがユーロ加盟国国債を同レベルの担保として扱ったことが影響したともいわれる。ギリシャに巨額の外資が流入しギリシャの長期金利を引き下げた。

二〇〇〇年から〇七年までの経済成長年率は平均四%、ユーロ圏ではアイルランド、ルクセンブルクに次いで三位、〇四年のアテネ・オリンピックも流入外資で成功させた。ユーロ加盟前は、外資は流入しないし、外貨準備の制限もある。したがって、経常収支赤字は比較的小さかった。だが、ユーロ加盟を決めた後は輸入が増え、経常収支赤字は二〇〇〇年にすでに二桁、リーマン危機の〇七年、〇八年には二〇%に近づいた(図Ⅴ-1参照)。驚異的な数値であった。

ギリシャ繁栄のカギは外国からの借金であった。西欧の大銀行から借金を積み重ねて一〇年以上にわたり経済を回転させ、生活水準を引き上げていったのだが、それを知ってか知らずか(「知らなかった」ではすまないはずだ)、おカネを貸し続けた西欧の大銀行にも、ギリシャ政府並みの責任がある。共犯者であった。

2　「トロイカ」の政策とギリシャ国民の反発

財政緊縮・構造改革を求めるトロイカの政策

デフォルト危機のギリシャ政府に対して、トロイカは二〇一〇年五月、合計一一〇〇億ユーロの支援の実施を開始し、デフォルトを防いだ。トロイカはコンディショナリティの実現状況をにらみながら、原則として三カ月に一回財政支援を実施する。それに対して公務員労働組合などはストライキやデモで激しい闘争を展開し、警察と衝突を繰り返した。どのような要求をトロイカは突きつけたのだろうか。一一年春にギリシャ政府に要求された項目の概要を挙げておこう。

［1］**財政緊縮**　財政赤字を二〇一四年までにGDP比三％以下へ。そのため増税、税制改革、税務行政効率化、政府支出削減を行う。公務員給与と手当の削減、支出シーリングを実施。

［2］**中期財政戦略の支援措置**　①国有企業民営化、国有企業給与の民間並み引き下げ、②公的部門の企業合理化、③税制改革、④行政効率化、⑤社会保護効率化、⑥公共投資

削減、⑦軍事支出削減。財政赤字目標は二〇〇九年の一五・四％から、一〇年九・五％、一一年七・五％。

［3］構造的財政改革　年金改革、国家資産管理効率化、ヘルスケア制度近代化（病院のコンピューター化、ジェネリック医薬品使用拡大、会計管理改善など）。

［4］金融部門の規制と監督の見直し

［5］構造改革　①労働市場改革、②競争強化（規制業種における労働市場自由化——鉄道、バス、トラック、薬剤師、クローズドショップ制の廃止など）、③競争政策強化（免許業種の法制強化、営業の自由への制度改革、EUサービス指令の実施、エネルギー市場と地方空港開放、観光業支援）、④教育制度改革、⑤EU構造基金・社会基金の効率的使用。

トロイカは、財政赤字改善だけでなく、金融安定、政府債務の持続可能性確保、構造改革による競争力回復と経済成長、金融市場への復帰（二〇一二年を予定）を目標とした。根本的な社会改革の項目がずらりと並んでいる。縁故主義と規制でがんじがらめの「途上国型」ギリシャ経済を自由化し、国公営依存の「公務員型国民経済」を改め、開放された近代的な国民経済に転換しようとしている。

税制改革、徴税制度は、脱税のはびこるこの国の文化革命である。国鉄、空港、エネルギー部門などは国家独占である。薬剤師、貨物トラック運転手などサービス業セクターはクローズドショップ制で、組合員のみが営業できる参入障壁の高い閉鎖的な保護部門だ。そのため、たとえば、トラック運賃が高い。ギリシャの農村からトマトをアテネに運ぶより、アムステルダムから航空便で運んだ方が安いなど、その弊害は枚挙にいとまがないほどだ。

公務員は午後三時には仕事が終わり、夏には長期バカンス、民間の二倍ともいわれる高賃金と恵まれた年金。トロイカはそのような制度を、強引にかつ短期間に是正させようとした。

トロイカの改革押しつけへの反発

国家主導で運営してきた経済を全面的に今すぐ改革せよといわれても、既得権益が分厚く存在している中での改革は至難の業だ。ギリシャの経済学者パナギオティス・ペトラキスはトロイカの経済調整プログラムを次のように批判する。

①制度改革の要求が性急に過ぎる。②ギリシャを西欧流の「古典的市場経済」とみなし、公的部門を削減し、その分民間部門を拡大することで国民経済の改善・改革が進むと判断しているが、「特異市場モデル」のギリシャ経済では民間による公的部門の置き換えは「古典的市場モデル」のようには進まない。③民間部門は行政により厳しく規制され管理され、金融部門も正常に機能していないので、民間が公的部門を代替する能力は限られる。結論として、トロイ

カのプログラムはギリシャ経済全体の活動レベルを低下させ、社会的緊張を高めるだけである。今日までの経過はペトラキスのいうとおりになった。

彼はギリシャの特異性を強調する。ギリシャには西欧と異なる歴史的文化的社会的背景がある。集団主義(自立した個人でなく家族で苦難に耐える)、現時点主義(未来志向でない)、不安定性の蔓延(危機管理が苦手)、不平等の受容、男らしさを評価するなど、独自の文化と社会をもち、しかも途上国ゆえに、農村からの流入など過剰労働力を吸収する手段として公的部門を拡張する長期的選択を行ってきた。資本を国外に依存し、経済は弱体である。

ペトラキスによれば、社会主義的に行政によって管理されてきたギリシャ経済を自由化・民営化しようとしてもうまくいかない。EUやIMFなど国際機関は資金供与と引き替えに「独裁的」に経済構造改革を押しつけている。自らの金儲けのために西欧の銀行が巨額の資金をギリシャに流入させ、危機になると流出させてギリシャ危機を引き起こした。挙げ句の果てに西欧型の「古典的市場モデル」に即刻転換せよという。そうはいかない、それが民主主義のやり方なのか、と批判する。ギリシャの公務員労働組合などはトロイカの緊縮政策に反対して、ストやデモを頻発させたが、ペトラキスと見方を共有している。

このように支援側と被支援側の間にパーセプション・ギャップが大きく、構造改革の法律がギリシャ議会を通っても、ゼネスト、デモ、数々の反抗によって、実行されないケースが少なくなかった。閉鎖的な部門の自由化も進まず、長期不況の中で規制により高価格を維持した。マイナス成長の中で消費者物価は二〇一二年まで上昇を続けた（その後デフレへ）。

ギリシャの世論調査では「ユーロ残留」の支持率が一貫して高い。世界中どこであろうと自由に使えるハード・カレンシーのユーロと、世界から相手にしてもらえないギリシャ・ドラクマとの違いをギリシャ国民はちゃんと分かっている。ユーロの権利は享受するが、ユーロの義務は果たす気がないこのような国を、ルールで規律する仕組みのユーロに加盟させたのがそもそも間違いだったと西欧・北欧の国民は思うようになり、二〇一二年春から「ギリシャはユーロから出て行け」という発言が、西欧・北欧のいくつかの国の閣僚からも発せられるようになった。

トロイカの支援は失敗——問われるユーロ圏の支援姿勢

ギリシャ経済はリーマン・ショックのあった二〇〇八年、わずかにマイナス成長となり、以後一三年まで六年間マイナス成長が続いた（図V-1および図序-2参照）。GDPはピークから二五％も縮小した。

二〇一〇年五月に支援を開始した際にトロイカが立てた支援プログラムの見通しと実際とを比較すると、見通しの甘さが明瞭だ。予想によれば、一三年に生産はほぼ回復、失業率は一四

％へ悪化するが、輸出が伸びて経常収支はほぼ均衡、としていたが、実績は予想を完全に裏切った。ＧＤＰは実質・名目とも二〇％以上落ち込み、投資（総固定資本形成）はほぼ半減、失業率は二七％と破滅的、経常収支は見通し以上に改善したが、輸出増加ではなく主として輸入の激減によるものであった。

Ｉ章で説明したように、二〇一一年一一月パパデモス前ＥＣＢ副総裁を首相とする実務家内閣に交代した。その下で、一一年一〇月、ユーロ圏首脳会議が採択した第二次支援プログラムの受入れ準備が進み、翌一二年三月に決着した。

第一に、西欧の大銀行を中核とする民間債権者団体とギリシャ政府の間で債務カット（民間投資家負担、ＰＳＩ）の交渉がまとまった。第二に、第二次財政支援である。二〇一四年末を期限に一三〇〇億ユーロを設定した。第一次支援に残額があり、追加されて、合計一六四五億ユーロの支援となった。第三に、第一次支援のローン金利が高すぎたため、金利引き下げが実施された。

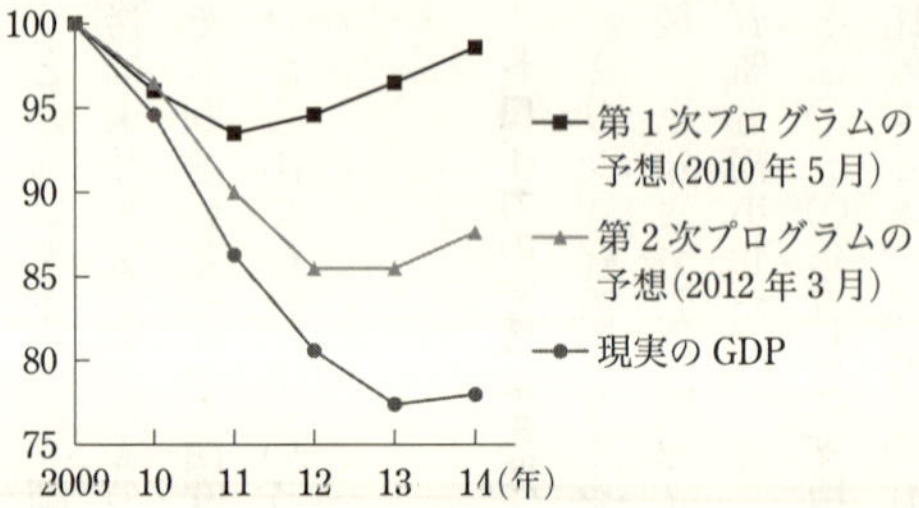

出所：シンクタンク「ブリューゲル」

図Ⅴ-3　ギリシャの実質GDP
(2009年を100とした値)

しかし、第二次支援も失敗した。二〇一二年三月のトロイカのGDP見通しでは、同年に下げ止まり、一四年プラス成長を予想していたが、現実は、(〇九年を一〇〇として)一三年に七七まで下落した(図V-3)。ギリシャの政府支出は毎年減少したが、分母のGDPが大幅に縮小するので、政府債務(GDP比)は予想に反して上昇した。一一年の一七一%が債務カットのおかげで一二年には一六〇%に下がったが、一三年には一七五%に戻ってしまった。

ソブリン危機と政府の支払い能力

ギリシャに続いてトロイカから支援を受けたアイルランドとポルトガルでは経済改善の当初の見通しと実績の間に大きな乖離は見られない。両国はただ一度の支援の後、自立して経済再建に取り組むことができた。なぜギリシャにはそれができなかったのか。

説得力のある説明は、ギリシャは「支払い能力危機」に陥っていたのに、トロイカは「流動性危機」に対する処方箋を与えてしまった、というものだ。アイルランドの危機は、銀行の不良債権を政府が引き受けようとしてソブリン危機となったが、リーマン・ショック前は財政黒字で財政は健全だった。二〇〇七年の政府債務はわずか二〇%超、ソブリン危機に対してトロイカから支援を受け、その多くを銀行支援に振り向けた。米国多国籍企業を中軸にITと医薬品などハイテク産業にも恵まれている。公務員を含めて賃金切り下げ断行に耐えるなど、国民もタフだった。トロイカからの一度の支援で立ち直った。

対照的にギリシャは毎年財政赤字を積み上げ、二〇〇八年政府債務はすでにGDP比一一三%、そのうち四分の三は外資による国債保有だった。ギリシャ政府が債務の元利返済を続けるのはそもそも無理だった。ギリシャ政府は支払い不能危機に陥っていたのに、トロイカはちびちび財政赤字補塡をしたにすぎない。問題は資金繰りではなく支払い能力だった。政府債務の削減を当初に思い切ってやるべきだった。つまり、トロイカは診断と処方箋を間違えた、ということになる。

だが、その裏には、I章で説明したように、西欧の大銀行救済をギリシャ支援より優先する政治判断があり、政府債務カットはなされなかった。そのような政治判断の方が根本問題かもしれない。またトロイカの構造改革要求は、資本主義経済に慣れた眼からは当然の要求なのだが、ペトラキスやギリシャ公務員組合によれば、ギリシャ人の意志に反して構造改革を押しつける暴挙であった。ギリシャのナショナル・プライドは深く傷ついた。ギリシャ人はやる気を失ってしまったのである。それもまた、改革が進まなかった重要な原因と思われる。

ポルトガルはアイルランドとギリシャの中間に来る。外資流入により財政赤字を持続して経済を支えた点はギリシャと同じだが、二〇〇四年に財政赤字の虚偽報告が明らかになり、欧州委員会の厳しい査定と指導を受けていたので、ギリシャのように野放図に赤字は膨れなかった。

〇八年の政府債務はGDP比七二％、トロイカの支援プログラムによって財政支出をカットし、なんとか支援プログラムから抜け出した。だがアイルランドのような産業力をもたないので、経済成長率は一四年は一％台、失業率も一五％だ。政府債務は一三〇％、苦難の年が続く。その緩和のために、ポルトガルの政府債務もギリシャと同様に大幅なカットがいずれ必要となり、ひいては、ユーロ圏が統一的に政府債務の調整を行うことを迫られるであろう。

3　チプラス政権とギリシャの反乱

ギリシャ政治における名家支配の動揺

ギリシャの政治は伝統的に名家支配であった。パパンドレウ家、ヴェニゼロス家、サマラス家などなど、この国の主たる政治家は名家出身であった。その子弟は米英独仏など欧米諸国で大学教育、大学院教育を受け、帰国してギリシャの政治支配者のグループに所属する。そうした特権階級と大衆との間には画然と差があり、その落差をポピュリズム政治で埋める。政党間の選挙争いは大衆へのサービス提供計画においてエスカレートし、ギリシャの経済力を無視した年金制度や賃金制度となる。ただし、ポピュリズム政治は富裕層、医師・弁護士・専門家や薬剤師・貨物トラック運転手などの特権組合のメンバー、そして国家公務員をターゲットにしており、貧困層は無視された。この国の貧富の差は非常に大きい。

ユーロ危機へと至るギリシャ政治はことごとく名家出身の首相や政治家たちに主導された。でたらめな年金制度を構築し、EUに虚偽の財政赤字を報告し、トロイカの構造改革を受け入れたふりをして実行しなかった。そのような政治家を選んだ国民大衆にも問題はあるのだが、危機対策をトロイカに押しつけられて策もなく経済崩壊を招いた名家政権はあまりに無能であった。海運業経営者など財閥に税回避の特例を与え、農民の範囲を広げて農業政策資金をばらまく、医者と薬剤師には安価なジェネリック医薬品の使用を規制する、などである。

ユーロ危機から引き続く経済の悲惨に直撃される人々が多くなり、傷ついたナショナル・プライドとがあいまって、民衆の意識を変え、この国伝統の名家支配は掘り崩されていった。焦点は急進左派連合（SYRIZA、シリザ）である。シリザはトロイカの第二次支援とそれに伴う財政緊縮、制度改革を拒否、「EUとの再交渉」を公約に掲げ、二〇一二年五月総選挙で支持を伸ばした。

この政党の指導者チプラス氏は当時三七歳の若さであった。ギリシャ共産党の青年組織に所属したこともあり、崇拝するのはキューバの革命家チェ・ゲバラ、ギリシャ学生運動の名門アテネ工科大学出身である。シリザはマルクス主義者からラディカル思想の持ち主まで多様な左派政治家を抱える。救国のため大学教授からシリザに転じた人も少なくない。急ごしらえの寄り合い所帯である。あえてたとえれば、日本で一九六〇年代末から七〇年代初めに大学闘争を闘った全共闘が国家の危機に直面して政党に発展した姿、とでもいえようか。多様な急進左派を一つの政党に結集させるほどに、既成政党（名家支配）への大衆の絶望は大きく、また国家プライドは傷つけられていた。

政治革命――急進左派連合チプラス政権の成立

二〇一二年六月の再選挙で成立した新民主主義党（ND）・全ギリシャ社会主義運動（PASOK）連立のサマラス政権の下でギリシャ経済は徐々に安定に向かい、一三年に入ると、薄日が差し始めた。財政赤字はユーロ危機で弱った銀行への大規模資金注入などの一時的要因により悪化したが、それを除くと、三％台に縮小、経済はついに底に達したように見えた。

二〇一二年末頃からギリシャの銀行に預金が戻り始め、米国ヘッジファンドの買いも入って株価も大幅上昇、一三年五月のピークでは、危機第三波の底値の三倍に近づいた。ギリシャ企業の社債発行も復活した。ユーロ離脱騒ぎがおさまって、一三年夏の海外観光客も大幅増となった。翌一四年ギリシャの経済成長率は〇・八％とわずかながらプラス成長に転じた。設備投資と消費が伸びて、マイナスの政府支出をカバーし、四月には国債発行を再開した。ギリシャ経済はついに回復軌道に復帰すると予想された。

だが、サマラス政権の進める財政再建策(年金減額、公務員リストラ、増税など)に対する有権者の反感が強まっていた。失業率は二六%に達し、デモ、ストが頻発、世帯の四分の一は貧困層に近い水準での生活を余儀なくされ、社会全体を暗い影が覆っていた。欧州委員会が定期的に実施するEUの世論調査(「ユーロ・バロメーター」)では、二〇一四年三月「貧困に陥るリスクを感じる」と回答した人が五六%に達し、EU二七カ国中でもっとも高かった。

二〇一四年一二月大統領交代の議会投票で連立与党は規定の一八〇票を獲得できず、憲法の規定によって、一五年一月二五日、総選挙が行われた。

シリザは「希望がやってくる」をスローガンに、「財政緊縮反対」「貧困層への支援」「債権者に対する大幅な債務削減」などの選挙公約を掲げて、得票率三六%で第一党となった。高齢者から仕事を失った若者まで、すべての層の不満を吸収して党勢を急速に拡大させた。第一党には五〇議席がボーナスとなるので、議席は倍増の一四九となった。NDは二八%の得票率で第二党(七六議席)となったが、議席は四〇%余りの減だった。第三党は親EUの中道ポタミ一七、極右「黄金の夜明け」一七、共産党一五、中道右派「独立ギリシャ人」(緊縮財政に反対のND造反組が立ち上げ)一三であった。

シリザは独立ギリシャ人党と連立政権を樹立、二六日、四〇歳のチプラス首相が就任した。ユーロ圏の緊縮政策に対するギリシャ人の反乱はついに政府レベルに達したのである。

シリザ政権とEU・ユーロ圏との交渉開始

ギリシャとユーロ圏の交渉は二〇一五年二月に始まった。ギリシャ政府は大幅な債務削減などを求めたが、ユーロ圏側を代表するデイセルブルム・ユーロ圏財務相会合議長（オランダ）は従来通りの財政緊縮の持続を主張して、正面衝突状態となった。

ユーロ圏側の対応は二つに分かれた。ドイツなどゲルマン系諸国（中欧・北欧）とフィンランドでは、ギリシャは経済的にも政治的にもユーロに適応しておらず、ユーロ圏を離脱すべきという見解が主流になっていた。欧州統合懐疑派（Eurosceptics）も、ギリシャを除外して統合促進を希望する統合支持派（Europhile）も、それを共有していた。

フランスや南欧諸国は、ギリシャ離脱は南欧諸国に波及して深刻な事態を引き起こしかねない、またユーロ圏の一体性を維持しなければならないと主張して譲らなかった。フランスのサルコジ前大統領はドイツに追随したが、社会党のオランド大統領はドイツと交渉して南欧を助ける路線をとった。イタリアのレンツィ首相は財政規律優先のEU・ユーロ圏にかねてから成長路線への転換を求めており、チプラス首相に理解を示していた。

二〇一五年三月末時点のギリシャ政府の債務はほとんどが公的債務で、その額は三一二〇億ユーロ、「債権団」のほとんどはユーロ圏が占める。その了解があれば、債務削減などギリシャに有利な枠組みへの転換は実現できるのである。

ねじれる交渉と悪化するギリシャ経済

ギリシャ政府は経済成長を債務返済より重視して、ユーロ圏側の支援制度の修正を求めた。だが、ドイツなどユーロ圏側は聞く耳をもたず、経済の構造改革と財政緊縮による財政改善を要求し続けた。ショイブレ財務相は、「ギリシャの民主主義と同じようにドイツにも民主主義がある」といったが、今やヨーロッパの盟主となったドイツが、シリザ政権を求めたギリシャ民衆の声を多少は聞く耳があってもよかったのではないだろうか。

二〇一五年二月の財務相会合では合意できないまま、ギリシャは同月一九日、六カ月の融資延長をユーロ圏に申請した。ユーロ圏側（債権団）は四カ月の延長を認めた。トロイカのギリシャ第二次支援は三年期限で、一五年二月末で終了する。残額が七二億ユーロあり、それは歳出規模八八〇億ユーロのギリシャにとって財政破綻を回避するのに不可欠の資金だった。

ギリシャのヴァルファキス財務相はゲーム論の大学教授で、極左強硬派であった。ユーロ圏財務相会合では、トロイカの二四〇〇億ユーロにのぼる支援金が「ギリシャに入ったのを見たことがない」、トロイカの支援は「西欧の大銀行救済資金に過ぎない」、「ギリシャは搾取されている」と非難して、ひんしゅくを買った。デフォルトしてユーロ圏・IMFなど債権者を追い込み、ユーロ圏との債務削減交渉に乗り出すラディカルな方策の準備を進めていたともいわれる。債権団からは「合意の障害」と煙たがられていた。

ユーロ圏側との交渉はまとまらず、ギリシャ経済は悪化の一途を辿った。先行きが見えないので、投資が落ち込む。ギリシャ四大銀行からの預金流出と不良債権増加が追い打ちをかけた。悩める銀行は貸出金利を引き上げ、企業の運転資金の借入金利は一〇%超、通常のビジネスでは返済できない。企業は「稼げず、払えず、借りられず」の三重苦に陥った。新政権成立から二〇一五年六月末にかけて、毎日平均五九社が倒産、六〇〇〇人が失業していると商工会議所は報告している。

ECBの締め付け――ギリシャの半植民地化

ギリシャの銀行から預金流出は続いた。預金残高は二〇一四年末一六〇〇億ユーロだったが、一五年の最初の二カ月で二〇〇億ユーロ流出した。ユーロ危機の第三波を上回るペースであった。ECBはギリシャ政府に資本移動規制導入をアドバイスしたが、貿易などが大打撃を受けるので、政府は承諾しなかった。ECBはそこでギリシャの銀行に対する締め付けを強めた。

ECBはそれまで、本来なら「不合格」となる格付けの低いギリシャ国債も担保として認め、ギリシャの銀行の資金繰りを支えてきた。だが、二〇一五年二月四日の定例理事会において、この「特例」の撤廃を決めた。ギリシャの銀行が中央銀行から現金を獲得する道は「緊急流動性支援」（ELA）という枠組みに移った。この枠組みの下ではギリシャの銀行はギリシャ中銀から国債などを担保に差し出し、資金繰りを付けるが、利率はECBからの通常の融資よりかなり高い。資金供与の上限などはECBの承認による。利用額上限をECBは当初六〇〇億ユーロに設定したが、ギリシャ中銀の要請を受けて、一週間後に六五〇億ユーロ、二週間後に六八八億ユーロに積み増し、六月には九〇〇億ユーロに引き上げた。この枠組みはリーマン・ショック以降、ベルギー、アイルランド、ギリシャが利用した。ユーロ危機の第三波の一二年、ギリシャの利用額のピークは一二〇〇億ユーロに達した。今回は当初その半額しか認めなかった。

ECBは同じ二月に、ギリシャ政府が発行する短期国債に一五〇億ユーロの上限を設定した。ELAで獲得したECBの資金をギリシャの銀行が短期国債購入に使っているが、それは条約（第一二三条一項）で禁止された「財政ファイナンス」にあたるので、制限するという。シリザ政権に圧力をかける政治的意図が感じられた。

短期国債の発行、中央銀行の自国銀行への与信、そしてすぐ後に見るように、銀行閉鎖や資本移動制限まで、ギリシャはEUとECBの規則によって縛り上げられ、国家主権の自由な行使など問題外であった。帝国主義時代の半植民地を思わせるギリシャの惨状であった。

統一通貨ユーロをルールに沿って運営するためには、違反国への処罰も必要ではあろう。だが、トロイカがそもそも支援の処方箋を誤った。さらにギリシャ経済を悪化させる措置をここまでやる必要があったのだろうか。弱小国とみての制裁である。ＥＵ・ユーロ圏の帝国化の現れである。ギリシャの銀行は巨額の不良債権を抱えて、ただでも苦しいのに、ＥＣＢの制裁によって半死状態に追いやられてしまった。

交渉の決裂と銀行閉鎖、そして国民投票

ギリシャは二〇一五年六月中にＩＭＦに一五億ユーロ、七月と八月にＥＣＢに対して合計六七億ユーロの返済を控えていた。六月末が期限とされたユーロ圏七二億ユーロの支援金は絶対に必要であった。チプラス政権は六月二日、新提案をユーロ圏側に提出し交渉が再開され、六月下旬には、財政改革、年金改革、付加価値税の見直しなどで妥協に近づいた。

だが、六月二六日の財務相会合でユーロ圏側が持ち出した国有財産売却案により両者の交渉は不調に終わり、二七日未明、チプラス首相は突然、国民投票による決着を国民に呼びかけ、ギリシャ国会は七月五日の投票を承認した。ドイツをはじめ債権団は猛反発、七二億ユーロの支援は実施されず、六月末期限のＩＭＦへの支払いはできなかった。ギリシャのデフォルト懸念は高まり、預金流出は加速、株価下落は全世界に波及した。

ＥＣＢはチプラス首相の国民投票発表を受け、二八日、緊急流動性支援の追加を見送ると決めた。ギリシャ政府は、銀行の営業停止、海外送金規制の資本移動規制を導入するほかなかった。ギリシャ国民はＡＴＭで一日六〇ユーロ（八〇〇〇円弱）までしか預金を下ろせなくなり、ＡＴＭの前に長蛇の列ができた。企業は海外への支払いが困難となり貿易は縮小、観光客も減った。

野党の政府批判は一気に高まったが、チプラス首相にも容易に妥協できないわけがあった。緊縮反対のギリシャ世論、シリザ議員団の三割ほどを占める極左強硬派、そして「緊縮反対」という一点で結ばれた連立相手の独立ギリシャ人党の三つである。

チプラス首相は瀬戸際外交戦略をとった。ぎりぎりまで対抗すれば国民の危機意識が高まり債権団との妥協は受け入れられやすくなる。ユーロ圏側も今回はギリシャの離脱を望んでおらず、土壇場までいけば欧州トップの政治決断を引き出せるとの確信があった。

国民投票はユーロ圏の求める緊縮にイエスかノーかを選ばせるもので、イエスが多ければユーロ圏の緊縮受け入れとなる。政府は、投票は「緊縮ノー」だがユーロに残留すると国民に訴えた。それで勝てるとチプラス首相は読んだ。勝てば、党内の極左強硬派と独立ギリシャ人党を沈黙させ、ユーロ圏との再交渉に臨むことができる。ギリシャ人の七割から八割がユーロ残留を望んでいることがチプラス首相の賭けの決め手となったのではないだろうか。

国民投票圧勝でチプラス首相の評価は急騰

諸外国のジャーナリズムは「ノーはユーロ離脱の選択」と世界に発信したが、「ユーロ残留、緊縮はノー」と国民の多数は考えていた。七月五日の国民投票では「緊縮ノー」が六一％を超え、チプラス首相は圧勝した。有権者は一八歳以上の九八五万人、投票率は六二・五％であった。「ノー」は一八〜二九歳の若年層で六九％に達した。緊縮政策のしわ寄せをもっとも強く受けたのが若年層だった。対照的に、富裕層や年金受給者の多くはイエスに投票した。六〇歳以上のノーは三七％にとどまった。富裕層はユーロ圏離脱で資産の目減りを恐れていた。

チプラス首相は六日、ヴァルファキス財務相を辞任させた。後任は穏健派のチャカロトス氏。オックスフォード大学で学んだ経済学者で、ギリシャの大学の教壇に立っていたが、二〇一二年の総選挙でシリザから出馬して当選した。ユーロ圏との交渉を前進させるための措置を即断実行したチプラス首相の政治家としての資質がうかがえる。国民投票勝利と合わせて、チプラス首相の評価は急上昇した。

日本の関係者が注目したのは、サムライ債の償還だった。ギリシャ政府は一九九五年、日本の債券市場で二〇年物円建て債（サムライ債）を発行した。ドラクマの時代のことである。満期を迎え返済が延滞すれば、格付け会社のデフォルト認定に結びつく。七月一四日、ギリシャ政府は一一六億円を返済した。「きちんとやれるじゃないか」と、日本の金融市場関係者はギリシャ政府を見直したのであった。

国民投票の勝利を背景にギリシャ政府は七月八日、EUに対して、欧州安定メカニズム(ESM)の金融支援を求めた。緊縮財政と引き替えに三年間の融資を受ける。ギリシャ政府は債務減免も求めた。ユーロ圏は一二日開催のユーロ圏首脳会議で最終合意を目指す方針を掲げた。

交渉妥結とギリシャ第三次支援

七月一二日から一三日まで続いたユーロ圏緊急首脳会議でギリシャへの財政支援の再開に条件付き合意が成立した。ギリシャが一五日までに増税・年金改革などの主要な財政法案を可決すれば、三年間で八二〇億ユーロ(約一一兆円)から八六〇億ユーロの支援に向けた手続きに入る、というのである。ギリシャのユーロ離脱は回避され、世界中で株価上昇とユーロ高が進み始めた。ギリシャ国民はATMから二日まとめて一二〇ユーロを、やがて一週間まとめて四二〇ユーロを引き出せるようになり、二〇日には銀行が再開した。ECBは緊急流動性支援を九億ユーロ積み増した。八月三日には証券取引所が五週間ぶりに再開した。

七月一二日開始のユーロ圏首脳会議は一七時間かかった。厳しい条件で攻めるドイツが、渋るギリシャをねじ伏せた。首脳会議の前日開かれた財務相会合に先だって独ショイブレ財務相はギリシャは民営化基金として五〇〇億ユーロを設定し、民営化の権限をEUに移す（基金の設置場所をルクセンブルクとする）、あるいはギリシャが五年間ユーロ圏を離脱するという厳しい案を公開した。会合ではギリシャが強く反発して物別れに終わり、首脳会議に合意を託した。しかし、メルケル首相も同様の提案をチプラス首相に向け、結局ユーロ離脱案は引き下げたものの、民営化基金案では譲歩せず、朝方六時頃、一時決裂状態となった。トゥースク常任議長（ポーランド元首相）が引き留め、五〇〇億ユーロの民営化収入からギリシャに一二五億ユーロを投資資金として還元させる妥協案で折り合った。

イタリアのレンツィ首相は後に「ギリシャにとって危ない場面もあったが、辛うじて切り抜けた」と語った。それだけメルケル首相の攻勢が目立ったのだが、首脳会議終了後メルケル首相の第一声は、「これでドイツ議会に言い訳がたつ」であった。ギリシャやヨーロッパのためよりも内政を優先する姿勢に、「やりすぎ」「後味の悪い会議」という評価が目立った。ギリシャのユーロ離脱提案を「ヨーロッパ統合にとって非常に危険な兆候」と危惧する声も多い。

ギリシャ議会は七月一六日、財政支援の条件とされていた改革案第一弾を可決した。付加価値税引き上げや年金給付抑制などである。七月五日の国民投票でノーとされた内容の法案だったので、シリザの極左強硬派と独立ギリシャ人党は賛成票を投じなかったが、EU寄りの野党（ND、PASOK、ポタミ）から一〇六票の賛成があり、法案は可決された。

これを受けてEUはつなぎ融資七一億六〇〇〇万ユーロを決定した。それを使ってギリシャ政府はIMFへ一五億ユーロを返済、ECBへの国債償還を実施した。付加価値税引き上げの一部は直ちに実施され、七月二〇日、レストランでの税率は二三%に上がった。

ギリシャ政府は二一日、EUから求められた財政改革法案の第二弾を議会に提出した。銀行破綻の際の預金者保護は一〇万ユーロ、金融システムの信頼性向上などで、二三日にギリシャ議会が可決した。政府はさらに八月一三日、財政改革法案第三弾を議会に提出した。退職年齢の引き上げ、社会保障制度の包括的な見直し、農家や自営業者などへの課税強化、不良債権処理のための新制度などで、一四日に採択された。これでユーロ圏と約束した事項はほぼすべて議会を通過した。

以上の経過を受けて、八月一四日、ユーロ圏臨時財務相会合で三年間八二〇億～八六〇億ユーロの第三次支援が正式に決定された。欧州安定メカニズム(ESM)が最大六五五億、IMFが一六四億を担当するとユーロ圏は予定している。八月一九日には、ギリシャの義務(コンディショナリティ)を含めて、支援について詳細に定めた大部の「覚え書」が、ESMを代表する欧州委員会と、ギリシャ政府・ギリシャ中央銀行との間で取り交わされた。

第三次支援プログラムの改革要求を実行するために

これから問われるのは、チプラス政権が第三次支援に含まれる多くの改革を実行できるかということである。そのためにはまず内政の安定、政権の安定が必須条件である。ラファザニス前エネルギー相をリーダーとする極左強硬派約四〇人はユーロ圏との合意全体に反対した。その主張は、ユーロ離脱とドラクマ採用、銀行国有化などソ連時代の社会主義を思わせる陳腐な政策である。思想の一貫性はともかく、グローバル金融資本主義の今日にギリシャが繁栄をとりもどす政策とは到底思えない。チプラス首相とは正面衝突となり、もはや同じ政党でやっていけない。チプラス首相は議会を解散、九月二〇日の総選挙に打って出た。

総選挙でシリザの得票率は三六％で第一党、一四五議席を確保した。独立ギリシャ人党との連立政権で一五五の過半数を握った。ラファザニス前エネルギー相は人民統一党を組織して選挙を戦ったが、三％の得票率に達せず、議席はゼロ、ヴァルファキス前財務相も議会から消えた。チプラス首相の賭けは成功したが、過半数をわずかに五議席上回っているだけであり、厳しい構造改革に再び造反議員が出て政権を揺るがすおそれは残る。

債務返済と構造改革の展望は明るくない。チプラス首相はユーロ圏との妥協について、「自殺の代わりに生き延びる選択をした」と財政緊縮受け入れへの転換の理由を説明した。債務返済のためにユーロ圏が設定した条件の一つは、二〇一六年に基礎的財政収支をGDP比一％の黒字、一八年に三・五％の黒字である。増税と財政支出減少で黒字を出すという考えだが、問題はギリシャ経済の成長率である。ギリシャの資本移動規制は長期化が予想され、貿易など対外取引を阻害する。経済はすでに大きく悪化し、欧州委員会は一五年、一六年とマイナス成長が続くと予想している。その下で基礎的財政収支を一六年から黒字にできるだろうか。

構造改革の具体策は二〇一五年一〇月にギリシャ政府からユーロ圏に提出され、同月に債権団がギリシャの改革が約束どおり進んでいるかを点検した（第一次審査）。ユーロ圏側はギリシャが約束を破り改革を遅らせたら支援を打ち切る構えであり、緊張関係は続く。

4　ギリシャの反乱とユーロ圏の対応をどう見るか

経済成長を最優先する

二〇一〇年に刊行した前著『ユーロ 危機の中の統一通貨』で筆者は、危機を引き起こしたギリシャを「ひどすぎる」と批判した。本章で紹介した虚偽の財政赤字報告や持続不可能の年金制度を見れば、ギリシャ批判は当然であったろう。しかし、六年続いたギリシャのマイナス成長と二五％ものGDPの縮小を見れば、トロイカのギリシャ政策が的を外している、と気づかざるをえない。IMFはすでに一三年の報告書でギリシャ支援の失敗を認め、厳しすぎる財政緊縮を（自己）批判し、債務削減にも前向きになっていた。

ところが、二〇一五年、シリザ政権の再交渉でギリシャ危機が進行すると、ギリシャ批判が再燃した。ドイツのギリシャ批判が世論を支配したのである。日本でも同じ論調であった。ドイツの主張は「貸した金はちゃんと返せ」という単純で分かりやすい論理である。グローバル金融資本主義の時代、金融が世の中を支配し、債権者の論理がまかり通っているから、このドイツの論理がそのまま疑われることもなく日本を支配したのである。

ギリシャでは一〇〇万人以上が失業し、国民皆保険制度ではないので貧しい人は薬も買えない。人々は失望の七年を過ごしてきたが、貧富の格差の激しいこの国では中間層以下の人々、とりわけ貧しい階層と若者にしわよせがひどかった。若者は五〇％超の失業に苦しんできた。経済成長を取り戻し、失業率を引き下げて、国民に希望のもてる状況をつくりだすのが先決だ。リーマン・ショック前のギリシャでは、名目成長率が五％なら税収は四％増えた。プラス成長が財政改善のカギでもある。

ギリシャに必要なのは先ず経済成長である。「さしあたりギリシャへの緊急財政支援を決め、ユーロ圏諸国の対ギリシャ債権の大幅カットを計画する。次に、三年あるいは五年ギリシャのプラス成長を支援し、経済が軌道に乗り税収もあがってから、改めて財政緊縮を再開する中期プランを示す」というのが、ギリシャ国民投票の時点での筆者の提案だった。

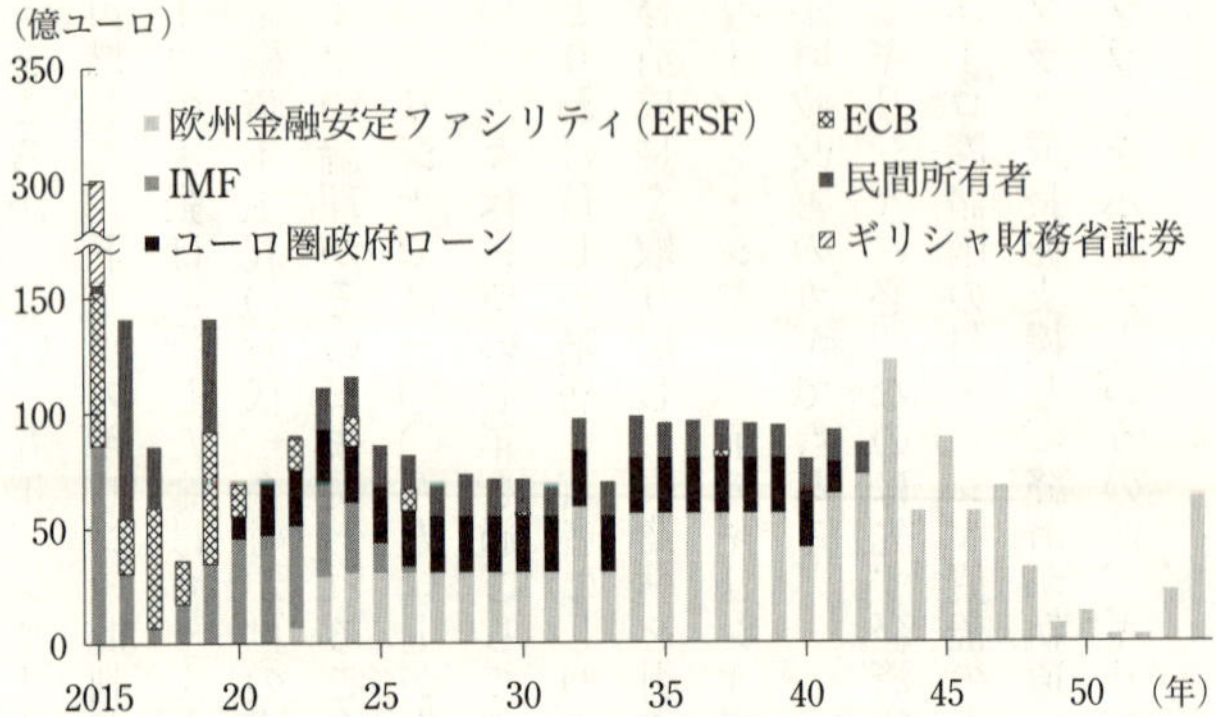

出所:RBC Capital Markets よりシンクタンク「ブリューゲル」が作成

図V-4 ギリシャ政府の債務返済計画

ギリシャの経済成長を回復するための工夫

ギリシャにプラス成長率を実現する方法はいくつか考えられる。先ず過大な政府債務のカットである。これはすでにIMFが提唱していて、絶対の前提条件である。次に、毎年のギリシャの対外債務への支払いを緩和しなければならない。

ギリシャ債務の対外支払いについては、すでにEUが四〇年計画を策定している(図V-4)。二〇一四年末時点の計画であり、第三次支援は入っていない。ギリシャの債務返済は、さしあたりIMF、ECBへの返済が圧倒的に多いが、一六年には民間への返済が比較的大きく、二〇年以降ユーロ圏諸国への返済が始まる。一〇年五月に取り決められたユーロ圏各国の供与したバイラテラル・ローンの返済は二〇年、欧州金融安定ファシリティ(EFSF)ローンの返済は二一年から始まる(返済金は債権国が受け取る)。

毎年の返済は平均でGDPの約五%、貧しいギリシャ経済にこれほどの返済を要求しても無理というものだ。

政府債務はGDP比一七五%であり、完全に破産状態である。しかも、ギリシャは二〇一三年からデフレに落ち込んでいる。デフレは債務返済の実質的な重荷を増やす。IMFはギリシャには「大幅な債務負担の軽減が不可避」と述べ、三〇%から四〇%程度を示唆している。

ピケティなどのドイツ批判

二〇一五年七月七日、『二一世紀の資本』で知られるフランスのトマ・ピケティら著名経済学者五名は、メルケル独首相に宛てた公開書簡を公表した。他に米コロンビア大学の開発経済学者ジェフリー・サックス、米ハーバード大学の政治経済学者ダニ・ロドリック、英オックスフォード大学の経済学者サイモン・レン＝ルイス、ドイツ元副財務相のハイナー・フラスベックである。

ユーロ圏などのこれまでの要求は、ギリシャで「大量失業と金融システムの崩壊を招き、債務危機を深刻化させた」とし、緊縮策は「一九二九〜三三年の大恐慌以来見なかったような影響をもたらした」。現状は「ギリシャ政府に対し、自らこめかみに拳銃を突きつけて、発砲するよう求めているようなものだ、その弾丸は、欧州におけるギリシャの未来をつぶすだけではなく、希望や民主主義、繁栄の光であるユーロ圏を巻き添えにする」とドイツを批判した。二〇世紀の欧州統合には経済統合が未来を切り開くという夢と希望があった。二一世紀には、できあがった諸制度の維持に腐心し、夢と希望の要素が薄くなった。ドイツの「覇権国」化により先進国の都合に合わせたルール万能主義となった。弱者への配慮がない。債権債務関係がEUの連帯を押しのけてしまった。ドイツは破綻した条約の原則にこだわって、危機を増幅しても反省がない。ピケティらの批判は賛同に値するものだった。ドイツのフラスベック氏が公開書簡に名を連ねていたことがせめてもの救いであった。

ギリシャの地政学的重要性——ロシア、中国、シリア

ギリシャの地政学的な重要性をフランスは重視し、ユーロ圏離脱を防止しようと動いた。地政学には米国も敏感で、オバマ大統領はギリシャのユーロ離脱を回避するようメルケル首相に要請した。だが、ソ連消滅で外交的に自立したドイツにオバマ大統領の調停は効力が乏しい。しかし、シリア難民のEUへの流入口として、またIS(イスラム国)対策など中東への拠点として、米国にとってもEUにとってもギリシャの地政学的重要性はさらに高まっている。

ギリシャの地政学的重要性はチプラス首相も強く意識している。首相就任後プーチン大統領との関係を強め、ユーロ圏との交渉が白熱した二〇一五年六月一八日にもロシアで演説をした。

ＥＵのロシア制裁に苦しむプーチン大統領はギリシャに秋波を送り、新たなガスパイプライン建設について協議を始めた。

新しくギリシャの地政学的優位を積極的に活用し始めたのは中国である。次章で詳しく論じるが、習近平政権は「一帯一路」政策において、海と陸のシルクロードづくりを掲げているが、ギリシャは「海のシルクロード」の終着点にあたる。ＥＵは中国の最大の輸出先だ。バルカン半島を経由してヨーロッパに中国物産を送り込む入り口としてギリシャを重視している。

中国海運大手の中国遠洋運輸集団（ＣＯＳＣＯ）はアテネ近郊のピレウス港の一部埠頭を運営しているが、ピレウス港民営化後の株式取得をチプラス首相に求めている。中国の投資拡大をチプラス首相は歓迎する。中国はピレウス港を手中に収める見返りに、ギリシャ国債の購入拡大を含む幅広い分野で支援を強める可能性がある。同港は中国海軍の使用も指摘される。チプラス首相は二〇一五年二月、ピレウス港に入港した中国海軍艦艇での式典に出席し、インフラや国債など広範な分野での中国の投資を歓迎する意向を強調した。

フランスのギリシャ支援

ラテン系諸国の中でも、苦労して財政緊縮路線を忠実に守ってきたポルトガルはドイツと並んで対ギリシャ強硬派であった。北部ヨーロッパのいくつかの国もドイツの側についた。だが、フランス、イタリア、キプロスはギリシャを支援した。フランス政府は二〇一五年六月、ギリシャ政府が財政緊縮策を欧州安定メカニズム(ESM)に提出して資金供与を受ける書類作りを手伝うために、政府職員をアテネに派遣した。ギリシャのESM支援要請にとって、フランス政府の協力は大きな貢献であった。

二〇一五年七月一二日から一三日の首脳会議で、オランド大統領は会議の休憩のたびに飛び回ってドイツとギリシャの合意を仲介した。そうした後押しがあればこそ、チプラス首相も持ちこたえることができた。会議中はこわばった表情を見せていたチプラス首相は、一七時間の協議が終わるとオランド氏と笑顔で抱き合ってアテネに帰っていった。

フランス、イタリア、スペインのユーロ圏三大国が支援すれば、ギリシャの将来もあるいは開けるかもしれない。名家支配のギリシャ政治を改革しギリシャ大衆の声を背景に難局に対処するチプラス首相とシリザには、ギリシャの悪しき伝統であるクリエンティリズム(縁故主義)と名家支配打破の期待がかかる。ギリシャが過去のしがらみから脱皮して近代社会へ歩を進めることができるかは、まさに庶民出身の若い首相とシリザ党に懸かっているのである。

ギリシャ反乱のゆくえ

二〇一〇年に始まったギリシャの危機は、ユーロがギリシャとユーロ圏(ひいてはEU)との間に強力な相互依存関係を築いたことを明らかにした。ユーロ以前には、EUはギリシャの問題を見て見ぬふり、ギリシャはEUからカネを引き出すことしか考えていなかった。そうした相互分離の関係はユーロによって相互依存の関係へと変革された。ただ、西欧・北欧の富裕国がギリシャや他のユーロ圏新興諸国に対する対応を間違えていて、相互依存が相互繁栄の関係にまで進んでいない。そこをユーロ圏が修正しなければならない。ギリシャの方でも産業力の強化に向けて、EUから供与される地域政策資金を利用し尽くしたり、外資の導入を積極的に進めていかなければならない。

ギリシャへの第三次支援は合意したが、それでギリシャ問題が決着すると考えるエコノミストはほとんどいない。シリザ政権の下で悪化した経済に、増税と年金抑制を追加すれば、マイナス成長はひどくなるであろう。基礎的財政収支黒字（GDP比）を二〇一六年一%、一八年三・五%にするのは非常に難しいであろう。実現できないと支援を打ち切るとユーロ圏はいうのだが、ユーロ危機の一〇年からさまざまな騒ぎを連続させて世界に迷惑をかけ続けながら、性懲りもなくまたやるつもりなのだろうか。ユーロ圏の対応に柔軟性が不可欠だ。ギリシャとヨーロッパ統合はどうなるのか。終章で考えてみたい。

終章　ユーロのゆくえ

中東から急増する難民対策を検討するEUとバルカン諸国の首脳会議で，話し合うギリシャのチプラス首相(左)とドイツのメルケル首相．2015年10月25日，ブリュッセル(AFP＝時事)

終章の課題はユーロとユーロ圏のゆくえを検討することである。

ギリシャ第三次支援の先行き次第では、ギリシャのユーロ圏からの追い出しの可能性を否定できない。そのケースの対処法を考える。

ユーロのゆくえはユーロ圏の市民と産業界のユーロに対する態度にかかっているが、ユーロへの高い支持により、ユーロ崩壊や昔の国民通貨への後戻りはありえない。

また、ドルや人民元との関係を考える。さらに、ユーロ圏の現在の最重要課題は南北ヨーロッパ分断の是正であり、そのための一案として、ユーロ圏に財政資金移転システムを導入するシナリオ(「ユーロ3・0」)を考える。その制度改革を決めるのはドイツであるが、ドイツはユーロ圏の安定より「非支援」の自国の世論を優先しており、覇権国の資格を満たしきれていない。ドイツを動かす一定の状況は生まれているが、決め手はまだ見えず、ユーロ圏の不安定性は続くと予想される。

1 ユーロのゆくえを決める重要課題

これからの重要課題——ギリシャ、南北分断、ドイツ

ドイツ、ギリシャ、それにECBを中軸において、ユーロ危機、ポスト・ユーロ危機そしてギリシャの反乱を見てきた。これからユーロ圏が直面し解決しなければならない問題は、大きく二つある。ギリシャへの対応と、南欧諸国の長期経済停滞・大量失業である。これら二つの問題の実態については、Ⅳ章とⅤ章で検討した。その将来をどう展望すればよいのだろうか。そして、その展望に決定的な影響を及ぼすドイツの状況はどうなのか。終章では、これらを中心にユーロのゆくえを考えたい。

ギリシャの反乱はドイツ主導のユーロ圏にねじ伏せられた。チプラス首相は再交渉して、債務削減、財政緊縮の緩和、経済成長優先への譲歩を勝ち取ろうとしたが、成果はほとんどなかった。第三次支援と引き換えに、増税と財政緊縮、それに五〇〇億ユーロの国有財産民営化を約束させられた。これからその実行を指導しなければならない。名家出身の首相より骨がある分、成果を出していくかもしれないが、意に沿わない政策を押しつけられて実施しなければな

らないとは、不幸な話だ。

しかも、ギリシャの二〇一五年のマイナス成長を考慮すると、基礎的財政収支の一六年黒字をはじめ、第三次支援条件を実行できない可能性はかなり高いと見るべきであろう。「実行できなければ支援プログラムを停止する」というユーロ圏の言い分がそのまま実行されるかどうかは明らかではない。その言い分はギリシャに圧力をかけるためのものかもしれない。

しかし、二〇一五年七月の首脳会議でのドイツのギリシャに対する攻勢を見ていて、同じEU加盟国をここまで痛めつけるのかとEUの変貌に驚き、ショックを受けた。一九七〇年代からの二〇世紀ヨーロッパ統合でこのようなシーンに遭遇した記憶がない。Ⅲ章でEUとユーロ圏の帝国化に触れ、Ⅴ章ではギリシャの半植民地的境遇を説明した。それでも、一五年七月の財務相会合と首脳会議におけるドイツ政府の執拗なギリシャ攻撃、とりわけ、「五年を限ってユーロ圏を離脱せよ」という要求にはさすがに驚きを禁じえなかった。ところがそれはドイツでは多数意見のようでもあった。メルケル首相が第三次支援をドイツ議会にかけた時には、与党から六六名の反対・棄権がでた。大連立政権なので可決に問題はなかったとはいえ、ドイツ世論の厳しい態度を見ると、ギリシャ追い出しの可能性を全面的に否定するわけにはいかないと思われる。

ユーロ圏における「ドイツ派」または「ドイツ圏」は過半数

ユーロ導入時の加盟国は一一カ国であった。それが二〇一五年までに八カ国増えて、一九カ国になった。ギリシャ(〇一年)、スロベニア(〇七年)、キプロス・マルタ(〇八年)、スロバキア(〇九年)、エストニア(一一年)、ラトビア(一四年)、リトアニア(一五年)である。ユーロ危機以降もバルト三国が加盟した。ユーロ圏一九カ国のうち、過半数はすでに「ドイツ派」あるいは「ドイツ圏」といえそうだ。一九七〇年代にすでに「マルク圏」であったベネルクス三国とオーストリア(ゲルマン諸国)に、次のヨーロッパ諸国が加わる。

スロバキアには自動車産業をはじめドイツ企業が生産基地を置くなど、ドイツ依存が強まっている。バルト三国はドイツとの経済関係は濃密とはいえないが、ウクライナと同じようにロシア系住民が多数居住しており、ロシアの侵略を恐れている。頼るべきはドイツである。すでにドイツ軍がバルト三国に進駐していて、ドイツ寄りとならざるをえない上に、経済水準が低いため他のユーロ圏諸国への支援は避けたい。「非救済条項」に賛成である。スロバキアもその点は同じである。スロベニアはオーストリアへの依存度が高く、「ドイツ圏」に含まれる。フィンランドはプロテスタンティズムの国であり、支援についてドイツより厳しい。以上一〇カ国がドイツの後ろに控える。

ドイツはユーロ危機の中でも戦略的に行動し、ドイツ流の法制をユーロ圏・EUレベルで整備した(Ⅲ章参照)。こうなると、他の国は正面切って反対しにくい。反対しても基本条約を楯にとり、またその他の法律論でやり込められる。ショイブレ財務相やメルケル首相が強気になるはずだ。「ドイツ圏」諸国が常にドイツとともに動くわけではないし、多数決でギリシャ追い出しが決まるわけでもないが、楽観はできない。

ギリシャ離脱をどう進めるべきか――私案

筆者はギリシャ追い出しに反対だが、万が一の可能性は考えておかなければならない。その際のポイントは、ギリシャを変動相場制の世界に放逐するのではなく、ギリシャが再びユーロに戻れる道筋をユーロ圏が整えることだと考える。条件整備は次のようになる。

追い出しの代償として政府債務を返済可能のレベルまで削減する。離脱後に使用される新ギリシャ・ドラクマの導入をユーロ圏が支援する。新ドラクマの為替相場の混乱を防ぐために、ユーロに対する固定相場制をとることとし、ユーロ導入後のドイツなどに対する競争力低下を考慮して、三〇%程度ユーロに対して中心レートを切り下げる。ギリシャ中央銀行が新ドラクマの対ユーロ相場を維持するために外国為替市場に介入するが、ECBが支援する。

ユーロ加盟を希望する国は、今も、加盟に先立ってユーロを基軸通貨とする固定相場制(ERMⅡ)に足かけ二年以上参加しなければならない。ギリシャもかつて±六%の変動幅をもってERMⅡに参加していた。ギリシャはそこに戻り、制度的な改革を達成し経済を健全化してから、ユーロに復帰する。これなら、一応合理的な道筋といえる。

ただ、ギリシャは製造業の競争力が弱い。リーマン・ショックを挟む二〇〇六年〜一〇年の商品の貿易収支の年平均値はGDP比一六・四％もの赤字であった。連続不況で輸入が激減した一四年でも一一・七％の大幅な赤字であって、輸入が圧倒的に輸出より大きい。しかも、主要な輸入品は食品のほか原燃料や部品であり、新ドラクマをユーロに対して三〇％などと大幅に切り下げると輸入品の価格が急騰し、輸出品価格もそれに応じて引き上げなければならない。普通の工業国と比べて、為替相場切り下げによる競争力上昇の効果が弱いのである。新ドラクマの大幅切り下げによって外国からの観光客が飛躍的に増加するというような事態にならない限り、新ドラクマ導入によってギリシャ経済が大きく改善すると確信できない。

ギリシャがユーロ圏を離脱すれば、地政学的将来が見通せなくなり、EUにとっても米国にとっても大打撃であろう。「ますます緊密化する同盟」を目的とするEUの連帯にとってもギリシャ追い出しは由々しい問題であろう。EUの性格が、連帯より債権債務関係の重視へと変わってしまう。「ヨーロッパの共通の将来を創る」という二一世紀のEU統合にとって大打撃となろう。

これら多くの理由から、筆者は、ドイツのギリシャ追い出しの方針は間違っている、ギリシャをユーロ圏に留めて、経済成長を支援するような方策へユーロ圏が方針を切り替えるべきだと固く信じている。

2 ユーロへの高い支持――産業界の通貨、市民の通貨

ユーロに対する支持は高い

ギリシャ危機が将来また起きると、ユーロの存立が危なくなるとか、ユーロが崩壊するとかと考えている人が日本には少なくないようだ。筆者が二〇一五年六月、テレビ局の二時間番組のゲストとしてギリシャ危機を議論した際に、他の二人のゲストが「ユーロは解体して元の各国通貨に戻る」、「戻るべき」と発言したので、驚いてしまった。日本ではそのような意見がまだ多数なのだろうか。それは現地の常識から完全にずれている。国民通貨に戻ることは絶対にありえない。ユーロが崩壊することもありえない。そのことをデータで確認しておこう。

ユーロ危機の間、アテネからマドリードまで、「ドイツ第四帝国」への批判が巻き起こった。南欧諸国の窮状を顧みず、ドイツが強圧姿勢を押し通す姿に当然の反発が起きたのである。経済指標を見れば、ユーロ圏経済の南北分断は明らかである。そして、ユーロ圏諸国の市民はどのような状況認識をもっているのだろうか。欧州委員会が原則として年二回定期的に実施する

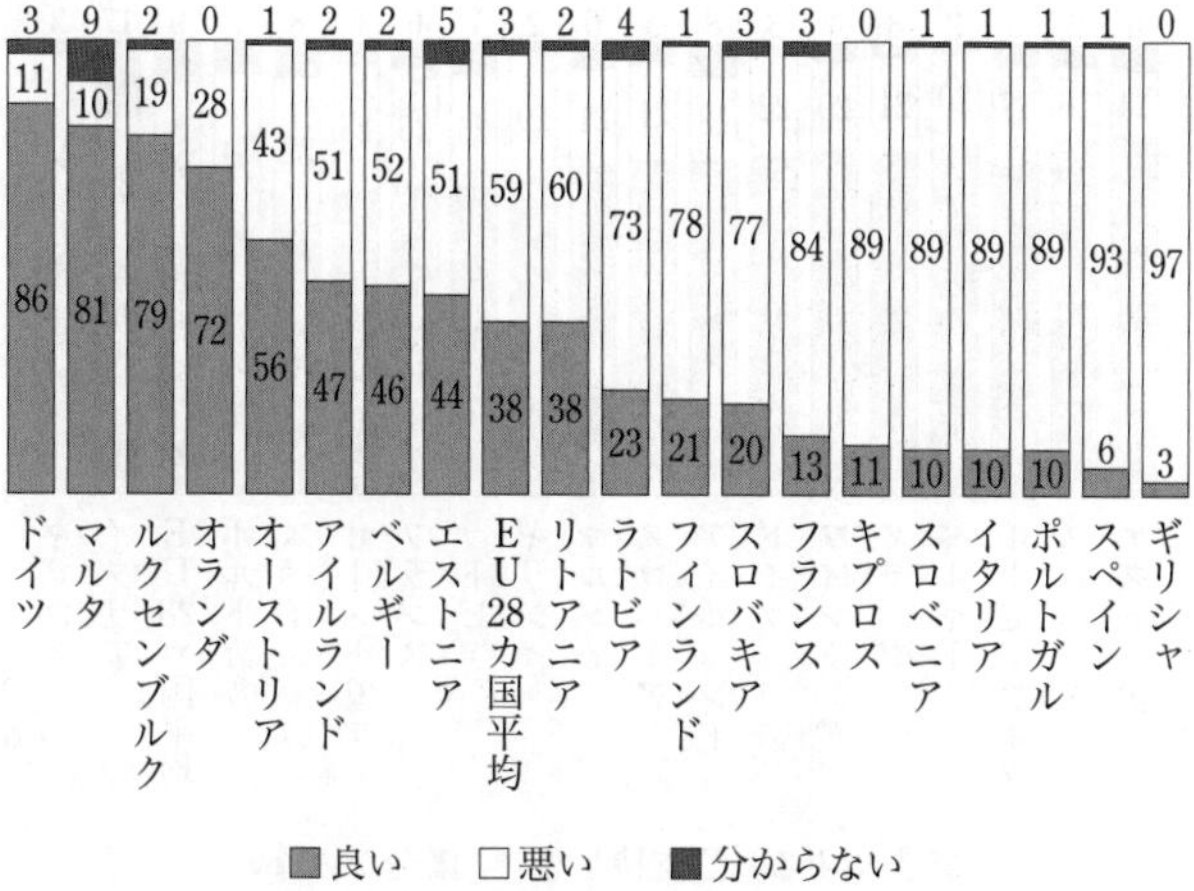

注:「良い」は「非常に良い」と「かなり良い」の,「悪い」は「非常に悪い」と「かなり悪い」の合計

出所:欧州委員会「ユーロ・バロメーター」

図終-1　自国経済の状態は良いか，悪いか(2015年秋)

世論調査(「ユーロ・バロメーター」)を見てみよう。

二〇一五年秋のデータでも、ユーロ加盟の南欧や東欧の市民の圧倒的多数は「自国経済の状態は悪い」と考えている(図終-1)。

フランスでは、「良い」は一三%、「悪い」が八四%にもなる。スロベニア、イタリア、ポルトガルの三カ国では「悪い」が八九%、スペインでは九三%、ギリシャではなんと九七%である。ところがドイツでは八六%と圧倒的多数の市民が、自国経済の状態は「良い」と答えている(「非常に良い」と「かなり良い」の合計)。「悪い」はわずか一一%だ。南北分断の市民意識の溝

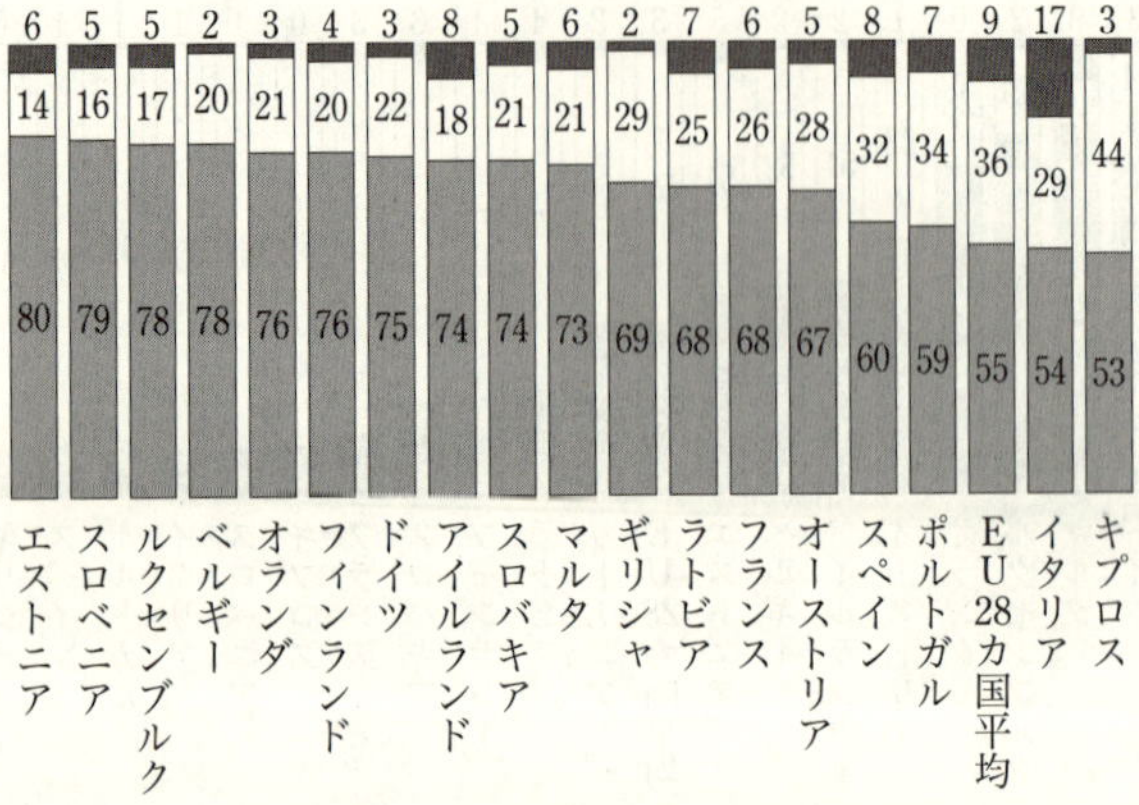

出所：欧州委員会「ユーロ・バロメーター」

図終-2　ユーロを支持するか，しないか（2014年春）

は深い。

では、ユーロに対する「支持」（賛成）と「不支持」（反対）を問う質問では、どうだろうか。ユーロ危機の中でもユーロ加盟国総合の「支持」は二〇一三年九月の六二％が最低、「不支持」は同じく三一％がピークだった。二対一である。一五年九月には「支持」は六九％に上がり、「不支持」は二五％に下がった。

国別に二〇一四年春のデータを見てみよう（図終-2）。当時の一八カ国のなかで「支持」が六〇％を切っているのは、ポルトガル五九％、イタリア五四％、キプロス五三％の三カ国だけである。一五年秋の調査では、「支持」七五％以上が一一カ国、七四％から六〇％までが七カ国、一九カ国のうち一八カ国が六〇%以上の「支持」である。イタリアの支持は五九%に上がった。ユーロ加盟国の市民のユーロ支持率はこのように非常に高いのである。

図終-2で七〇%以上の支持率は、ドイツ以外、すべて小国である。小国の通貨では実現不可能なさまざまな利便性をユーロはそれらの国民に提供しており、市民に愛好されている。「ユーロ危機」とはいうものの、支払いに支障などは生じておらず、通貨としてのユーロは危機ではない。小国以外でも、また自国の経済状態の「良い」「悪い」の認識とは関わりなく、多くのユーロ加盟国でユーロは非常に高い支持を得ている。ユーロ圏経済は分断されているが、ユーロがまさにユーロ圏諸国市民の連帯の要《かなめ》となっている。ユーロが人々をつないでいるということができる。このような高い支持があったからこそ、ECBは思い切った危機対策に踏み切ることができ、ユーロ制度改革も大きく前進することができた、といえるであろう。

今さら国民通貨には戻れない

産業界のユーロ支持も強固である。ドイツでは産業界がユーロを強く支持している。ユーロがなければ、①ドイツ・マルクの為替相場は跳ね上がってドイツ製造業に壊滅的な打撃を与える、②危機の中のユーロ安が輸出促進に貢献した、③汎欧州生産ネットワークを築いたドイツ企業にとってユーロは統一的な会計管理を可能にし、非常に大きな節約となる、など、今やユーロなしのドイツ企業は考えられない。したがって、ユーロ危機の中でドイツ財界は断固たるユーロ支持をメルケル首相に伝え、首相もそれに従って行動した。ドイツ財界がユーロ圏の司令塔であり、ECBドラギ総裁の政策を支える大黒柱はドイツ財界だ、という見方もあるほどだ。

ドイツの反ユーロ政党「ドイツのための選択肢」(AfD)は当初マルク復帰を主張していたが、支持率が下がり、ユーロ圏からのギリシャ追い出しへと方針を転換した。

ドイツ以外の産業界にとってもユーロはすでに完全に定着している。非常に多数の大企業は汎欧州生産ネットワークやクロスボーダー生産ネットワークを形成し、ユーロで会計を行う。研究開発・生産・販売・修理やアフターサービスへとつながる企業の「ヴァリュー・チェーン」の管理もすべてユーロで行われている。銀行はEU全域でユーロで貸し出し、預金を受け取る。ユーロが各国通貨にばらけたら、国を超えて展開した企業や銀行は経営ができなくなる。EU・ユーロ圏の経済効率は劇的に低下するであろう。今さら国民通貨に戻るなど、産業界にとっても市民にとっても悪夢というほかないのである。

ユーロ圏諸国にとって、ユーロの維持は問題なく前提されている、ということができる。

3　ユーロは守れるか――ドルの支配と人民元台頭に直面して

ユーロ危機とユーロの国際取引

リーマン危機によって米国一極時代が終わり中国が台頭してきた、通貨面でもドル一極支配から多極通貨（ドル、ユーロ、英ポンド、円、人民元）の時代への移行が始まったというような評論を目にする機会が増えている。中国の人民元国際化に向けた積極的な行動を見ていると、そのような印象をもってしまいがちになるのは理解できる。

確かに、最近新興国通貨の国際取引が増え、とりわけ人民元の取引は急増している。だが、ドルの一極支配はまったく揺らいでいない。ユーロの取引シェアはユーロ危機によってダメージを受けたが、世界第二の通貨の地位は変化していない。ただ、ユーロの後退がドルの地位を強化した面は否定できない。

国際決済銀行（BIS）が三年ごとに実施する世界各国の外国為替取引高データを使って、二〇一三年四月の一営業日の取引高（平均値）を見てみよう。数値はさまざまな種類の外国為替取引を総合したもので、世界の取引高合計は五兆三四〇〇億ドルである。その中から、六五〇〇億ドル以上の取引高となった通貨ペアをすべて表示している（図終-3）。外国為替取引はドルとユ

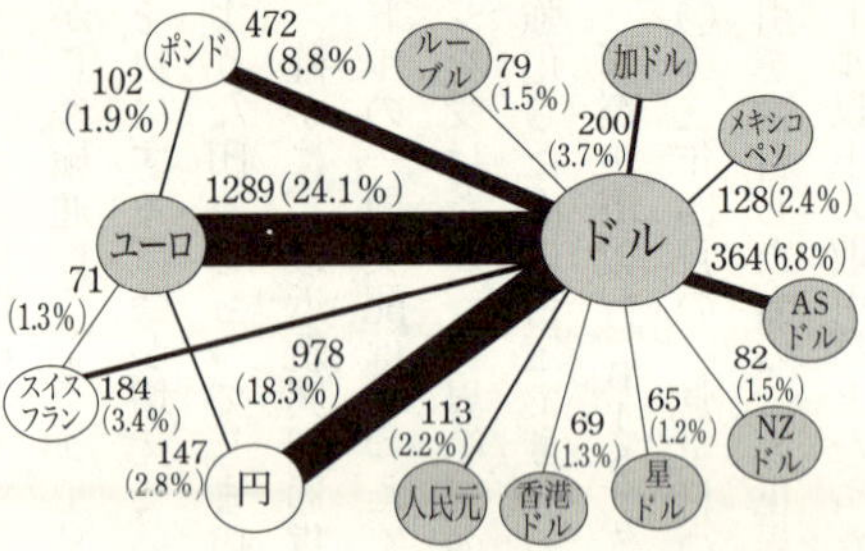

注：単位は10億ドル．2013年4月の1営業日の取引高．
「星ドル」はシンガポール・ドル
出所：田中・長部・久保・岩田著［2014］，435頁．BIS, *Triennial Central Bank Survey, Global foreign exchange market turnover in 2013*, February 2014より作成

図終-3　世界の外国為替取引の構造

ーロ、ドルと円のように二つの通貨（ペア）の取引であり、図ではその通貨ペアを示している。ペアを結ぶ棒の大きさは取引高に比例している。

世界の外国為替取引の基軸はドル・ユーロ取引であって、全体の二四％を占める。次いでドル・円が一八％、ドル・英ポンドが八・八％である。ドルはオーストラリア（ASドル）、カナダ（加ドル）、人民元などアジアの諸通貨、ルーブルなど、ユーロ以外でも一一通貨とのペアで六五〇億ドルを超えている。それに引き換え、ユーロは円、英ポンド、スイスフランの三通貨との取引高のみが六五〇億ドル超であるが、その三カ国はドルとの取引高の方がユーロより大きい。東欧諸国やバルカン半島諸国はユーロを基軸通貨として使用しているが、取引規模が小さいので図には上がってこない。

ドルは世界の基軸通貨であるが、ユーロの基軸通貨圏は群小国を包摂するにすぎない。この格の違いはユーロ危機とは関係なく、ユーロ誕生の時から続いている。基軸通貨の力は中心国

(米国、ユーロ圏)の経済規模によってではなく、基軸通貨国を取り巻く周辺諸国の数と経済規模とが決め手となる。ドル圏には日本、中国、ASEAN諸国などアジア、中南米、中東、アフリカ、そしてイギリスなどヨーロッパ諸国も含まれる。かつてのヨーロッパの基軸通貨ドイツ・マルクの周辺にはフランス、イタリア、スペインなどの中規模の国が集まり、マルクとの通貨取引が盛んだったが、そうした国はすべてユーロ圏となり、ユーロ圏を取り巻く諸国(東欧諸国など)はドル周辺諸国と比べて圧倒的に小規模である。ユーロ圏の経済規模はドイツより大きくなったが、ユーロの外国為替取引シェアはかつてのドイツ・マルクをわずかに超える程度に過ぎない。つまり、ユーロはマルクに代替しただけで、ドル覇権を動揺させることはできなかったのである。

ユーロ危機以前と二〇一三年を比較してみよう(いずれも各年の四月の一営業日当たり取引高)。ドル・ユーロ取引高の世界シェアは〇七年二七%、一〇年二八%から一三年二四%へ低下した。これにはユーロ危機によるダメージと「円ショック」の影響があった。一三年四月には日本銀行が「異次元緩和」と呼ぶ大胆な量的緩和策(QE)を打ち出し、日本の証券価格上昇を期待した外資の円買いが急増し、円・ドル取引の世界シェアは一〇年の一四%から一八%に四%ポイントも上昇した。その影響がドル・ユーロ取引シェアに及んだ可能性がある。

通貨ペアの取引を単一の通貨に分けると、世界の取引高合計は二〇〇%になる。ドルのシェアを見ると、ユーロ導入の前年一九九八年八七％、二〇〇七年八六％、一〇年八五％、一三年八七％とほとんど変わっていない。ドルは世界の外国為替取引の九〇％近くの相手通貨であり、それは一五年以上変わっていない。〇一年からのITバブル不況、〇七年からのサブプライム危機とリーマン危機にもかかわらず、世界の基軸通貨ドルの地位に動揺は見られない。

同じくユーロのシェアは二〇〇七年三七％、一〇年三九％から、一三年には三三％に低下した。世界第二位は揺らいでいないが、ユーロ危機のダメージは確かにあったのである。

なぜドルの取引シェアは減らないのか

米国のGDPは世界の二割強にまで低下し、貿易額でも中国と並ぶ程度であるのに、なぜ外国為替取引でこのように高いシェアを確保できるのだろうか。理由がいくつかある。

貿易面では新興国の自国通貨での支払いには困難があるため、多くの国がドルを契約・決済に使う。国際投資においてもドルが圧倒的に使用されている。ニューヨーク金融市場、ロンドン金融市場が世界金融の二つのセンターであるが、ドルは短期から長期まで多様で自由な金融取引が保証されていて、他の通貨の追随を許さない。

基軸通貨が為替媒介という独特の機能を果たしている点も重要だ。世界中の銀行は非常にたくさんの通貨を売ったり買ったりして、外国為替の持ち高をもつが、持ち高調整を迫られる。

たとえば、日本の銀行が円対価で韓国ウォンを売ると、円と韓国ウォンの為替リスクに直面する。リスクを避けるために、銀行は入手した円を売ってドルを買い、そのドルでウォンを買う。ドルが二つの為替取引を媒介し、ウォン買いができ、最初のウォン売りとバランスするので、為替リスクは消える(ウォン相場がどう動いても、一方の損を他方の利益が打ち消す)。このように銀行が多様な外貨持ち高の過不足を調整するために媒介に用いる通貨が為替媒介通貨である。

円とウォンの直接取引は規模が非常に小さいので、最初のウォン売り・円買いを直ちに円売り・ウォン買いでバランスさせるのは難しい。そこで、東京市場とソウル市場の双方で大規模に取引されているドルを為替媒介に使うのである。ドルはどの国でも大量に取引されているので、為替媒介というこの役割はグローバルに成り立つ。この機能がドルの取引高を引き上げるのである。

企業、個人、銀行以外の金融機関などを相手に外国為替取引を行う諸国の銀行はお互いに銀行口座を持ち合い、多国間で多数の外貨取引を行っているが、為替媒介取引を通じてドル以外の通貨間の持ち高は調整され、ドル保有に集約される。その銀行間の取引インフラの構築には膨大なコストがかかっている。だから、基軸通貨は自らを永続化させる慣性力を秘めている。基軸通貨に「慣性効果」が働く、といわれるのはそのためである。

ユーロもヨーロッパ、とりわけ東欧諸通貨の間の取引では為替媒介通貨の機能を果たしている。だが、米国を取り巻くドル圏諸国と、ユーロ圏周辺の経済小国とでは取引規模がまったく比較にならない。つまり、ユーロが基軸通貨ドルに取って代わるという展望はもてないのである。新興国で共産党独裁の中国は独自の制度を運営しており、銀行部門や金融資本市場を資本主義経済に適合した世界最先端の水準に引き上げるには多大の時間を要する。人民元が世界の基軸通貨になるなど、向こう三〇年を展望してもありえない話だろう。

もっとも、ドル運用の最終的な責任を担うFRBが政策を大きく誤れば、基軸通貨ドルの動揺は起きる。だが、リーマン・ショック後の対応を見ると、FRBは基軸通貨国の任務を熟知している。前述のとおり、ドル資金の調達困難に陥った大銀行を抱えるイギリス、ユーロ圏、スイスの中央銀行に、FRBは通貨スワップ協定によって素早くドル資金を無制限に供給し、ドルによる銀行破綻を回避させた。通貨スワップ協定は六カ国、さらに一四カ国へと拡大した。FRBは「世界の中央銀行」として「最後の貸し手」機能④（七〇頁参照）を果たしたのである。

人民元の国際化について

リーマン危機とその後遺症によって先進国経済はふらついてきたが、それでも世界経済が成長を続けたのは、中国を先頭に新興諸国が高度成長で埋め合わせたからであった。その中で中国は世界第二の経済大国となり、政治的・軍事的にも米国に次ぐ地位にのしあがった。

中国政府は「人民元の国際化」に二一世紀初頭に着手したが、その本格化はグローバル金融危機以後である。「国際化」の内容は多岐にわたり、人民元建て貿易決済の拡大、通貨スワップ協定の拡大、クリアリング銀行(人民元の決済取扱銀行)の指定や債券発行許可による人民元オフショア・センターの構築などからなる。国際化の目的は人民元が国際取引に広範に使用され、外貨準備としても利用されるようになることである。

中国のGDPは二〇一四年一〇兆ドルで、米国の一七兆ドルに次いで世界二位、輸出は同年二兆二〇〇〇億ドルと米国、ドイツをかなり上回り、世界一位である。貿易の伸びを反映して、人民元の外国為替取引高は急速に伸びている。図終-3では一一〇〇億ドル、世界シェアは二・二%、世界九位となった。一〇年四月は三四〇億ドル(一七位)なので、わずか三年で三倍超と急伸した。一〇年と一三年を比較すると、外国為替取引高における先進国の伸びは三四%、新興国の伸びは七一%だったから、人民元の伸びは飛び抜けて高かった。その後も伸びている。

中国の貿易関係の支払いはほぼ自由化されていて、二〇%程度が人民元建てである。人民元国際化の問題は貿易以外の分野、つまり資本取引である。直接投資(対外、対内)については、限度を設けて自由化を徐々に進めているが、焦点は証券取引や短期の資本取引である。それらを自由化すれば、海外資本の流出入が激化し、株価の暴騰暴落など金融危機、通貨危機を誘発するおそれがある。したがって、資本取引の自由化には慎重に漸進主義をとっている。その特徴は、本土では厳しく規制し、国外（オフショア市場）での運用を先行させていることだ。

もっとも発展している香港オフショア市場は、クリアリング銀行と人民元建て債券（「点心債」と呼ばれる）発行の権限を与えられており、二〇一四年末に預金残高一兆元・債券発行残高が四〇〇〇億元に達した。点心債は一〇年マクドナルドが第一号、その後、宝鋼集団が居住者企業第一号となった。ただし、その後の発行は停滞気味だ。

香港ではまた、人民元の為替取引が行われており、本土人民元（CNY）相場に対して香港人民元（CNH）相場がたつ。本土では管理が厳しく非居住者は直接に取引に参加できないが、香港では非居住者間の取引により自由変動相場制である。人民元は事実上二重相場制となっている。

中国政府は香港以外にも、アジア・太平洋、ヨーロッパなどの若干の国を選抜して、クリアリング銀行、債券発行の権限を与え、人民元の世界規模での取引を拡大しようとしている。ヨーロッパではイギリス、ドイツ、フランス、ルクセンブルクなど主要金融市場に上限を設定して人民元建て債券の発行を許可した。またそれら金融市場に国有の中国銀行（フランクフルト、パリ）、中国建設銀行（ロンドン）、中国工商銀行（ルクセンブルク）の支店を置き、クリアリング銀行として預金業務、決済業務を担わせている。またイギリスの大銀行HSBCは二〇一二年四月ロンドンで点心債を発行している。

中国の人民元国際化戦略は、本土とオフショア市場を分けて発展させ、中国経済が資本移動自由化に耐える能力を備えたとき、両者を一体化するという長期の戦略であり、実験である。

アジアインフラ投資銀行（AIIB）とシルクロード基金

習近平国家主席は「中華民族の偉大な復興」という時代がかった表現で「中国の夢」を掲げている。本書の範囲でいえば、それは、米国とドルの世界支配から脱却し、中国ルールの通用する地域を確保する、という「夢」になる。人民元の外国為替取引が急伸したといっても、その相手通貨は九〇％以上がドルである。三兆ドルを超える外貨準備も三分の二はドル建てであって、一九九〇年代から中国経済の強化が米国経済とドルの強化を支える構造になっている。そうした構造から脱却したい。さらに二〇一三年頃から顕在化してきた経済成長率の大きな低下を海外へのインフラ投資・輸出で緩和したい。その目的に貢献すると中国が想定している地域はアジアとヨーロッパ、つまりユーラシア大陸である。

習近平の「一帯一路」構想は、陸路のシルクロード経済ベルトと海路の二一世紀海上シルクロードからなる大経済圏の構築を目指している。陸路は中国から中央アジアを経由してヨーロッパとつなぐ。すでに鉄道はロシア経由で中国・重慶とドイツのデュイスブルクをつないでいる。交通インフラを整備し、物流を拡大し、沿線を開発する。海路は東南アジア、インド、中東、アフリカ、そして地中海である。

この大経済圏の構築を資金面で支えるのが、「シルクロード基金」と「アジアインフラ投資銀行」(AIIB)である。シルクロード基金は二〇一四年一二月に中国人民銀行(中央銀行)傘下の組織として設立され、四〇〇億ドルの出資金で運営される。AIIBは中国が中心となって各国に参加を呼びかけたインフラ融資を行う機関であり、出資金は一〇〇〇億ドルが予定され、中国が三〇%と最大の出資国となり、初代総裁はアジア開発銀行(ADB)副総裁をつとめた金立群に決まった。中国の出資は財政部(財務省)が担当する。

ヨーロッパはドルの覇権を快く思っていない。その行動は実利主義である。ともに中国と共通する。AIIBには五七カ国が参加したが、イギリスは米国政府の強い反対を押し切って参加し、ドイツ、フランス、イタリアも後に続いた。「一帯一路」の到着先はヨーロッパであり、ユーロである。

中国は二〇一五年一〇月習近平主席のロンドン訪問の際に、海外初の人民元建て国債をロンドンで発行すると発表し、合わせて原発・鉄道整備など七兆円を超える商談をまとめた。イギリスの投資資金欠乏を埋めて支援の意味ももたせた。中国、イギリスともに「中英黄金時代」の到来と評価した。他方、民主主義・人権など基本的価値を棚上げして経済的利益に走るイギリスに、「オランダ化」を懸念する声が広がっている。ドイツもすでに巨額の直接投資残高を中国に積み上げ、政府も中国との協調に熱心だ。

ＡＩＩＢは八兆ドルともいわれるアジアのインフラ建設資金をにらんで、ＡＩＩＢ債の発行によって資金調達する。アジアはドル圏なので、ドル資金調達が合理的だが、中国とヨーロッパの思惑はユーロ建てと人民元建ての資金調達であろう。世界第二位のユーロとやがて世界第三位の通貨となる人民元が相互に支え合う関係は果たして構築されるのだろうか。中国が自らの利害にヨーロッパを取り込むのか、ヨーロッパが中国の膨張主義的野望を緩和し望ましい方向へと導くのか、将来像のスペクトラムは広がっていて、現時点での予想は難しい。いずれにせよ、ユーラシア大陸両端の豊かな地域が支え合うこの雄大な構想の進展がもつ地政学的意味はきわめて大きい。

さしあたって注目すべきは、米ＥＵ経済連携協定（環大西洋貿易投資協定、ＴＴＩＰ《ティーティップ》）への影響である。米州と東アジア一二カ国の環太平洋連携協定（ＴＰＰ）が合意に至り、中国に孤立意識が見られる。中国にとって、米欧分断という戦略的目標の重要性が高まっている。ＴＴＩＰは民主主義など価値観を同じくする米国とＥＵを貿易と投資によって強固に結びつける。ＴＰＰは、米国が中国の台頭を念頭において、米国的制度に基づく経済圏を創設しアジア太平洋諸国をこれに組み込んで、米国の影響力を持続させようとの意図に基づくものだ。米国主導の対中国経済同盟といえなくもない。ＴＴＩＰにも米国は台頭する中国に対抗する米欧分業という性格をもたせようとしている。習近平と中国政府の二〇一五年秋の英独仏EU三大国に対するかなり猛烈な働きかけには、その米欧分業にくさびを打ち込む意図が感得された。

TTIPの交渉権限はEU（欧州委員会）の専権ではあるが、独仏英など主要国の意図と離れて動くことはない。TTIPがTPPの後を追って合意に至るかどうかは、単なる貿易投資協定の締結を超えて、二一世紀前半期の世界のパワーのあり方にも大きく影響する。EUはどう動くだろうか。

4　長期停滞と南北分断をどう克服するか

南北ヨーロッパの競争力格差は深刻

ユーロ圏には、南欧の長期経済停滞と大量失業にどう対応するのかという問題が突きつけられている。Ⅳ章で説明したとおり（図Ⅳ-2参照）、深刻な問題だ。ドイツと南欧諸国の競争力はユーロ導入後約一〇年にわたって拡大したので、ポスト・ユーロ危機段階になっても所得、経済成長率、失業率など広範な経済指標に格差が構造化している。

部門別にユーロ圏の生産額の推移を見ると、サービスは危機前の水準をわずかに超えたが、工業（建設を除く）は九五％に復帰した後、不況の「二番底」で落ち込み、九五％水準に復帰したに過ぎない（図終-4）。建設は二〇％以上落ち込んだままである。建設部門は南欧で大きく拡張していたので、南欧の生産拡大の足枷となっている。製造業部門も競争力が落ちていて、高付加価値部門に特化を進めた北部、とりわけドイツに大きく差を付けられている。財政緊縮と構造改革で成功を収めたアイルランド、最近曙光の射しているスペインでは二〇一五年に三％台の成長を期待できそうだが、それでも失業率格差の縮小にはこれからなお長期を要する。

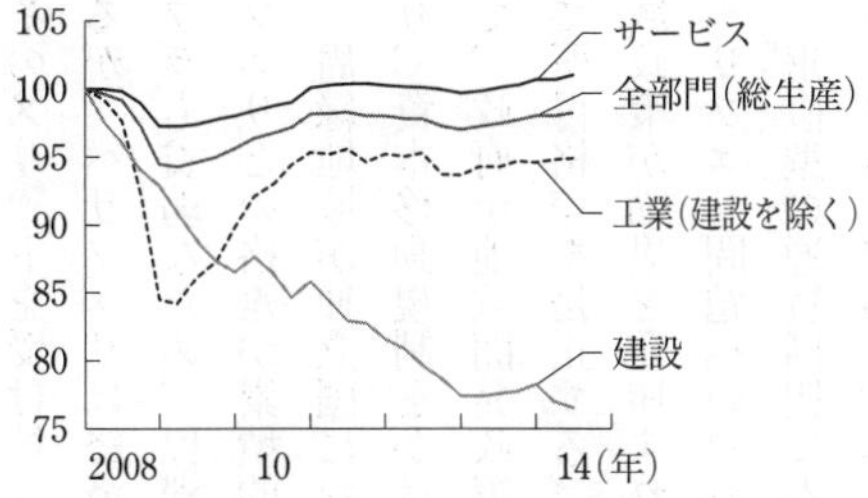

注：2008年第1四半期＝100とする．四半期ごとの数値．
生産＝粗付加価値
出所：EU統計局

図終-4　ユーロ圏の生産推移（部門別）

コア＝ペリフェリ（中心＝周縁）問題が顕在化した

これは垂直的通貨同盟に固有のコア＝ペリフェリ（中心＝周縁）問題なのである。「コア＝ペリフェリ問題」とは、中心地域（コア）は豊かになるが、周縁地域（ペリフェリ）は取り残されて、失業率格差や所得格差に悩まされるという一国内部の経済格差問題のことである。

一九五〇年代にスウェーデンの経済学者、グンナー・ミュルダールは「累積的因果関係」の理論を構築した。コアには企業、技術、情報、金融などが集積して、その地域はそのメリットを受け続けることができる。地方から労働者や資本を吸収してますます豊かになるが、ペリフェリは経済活性化のための労働力や資本を喪失し、通信・運輸・教育などのインフラも貧弱なため、停滞から衰退へと向かう。豊かなコアはますます豊かになり、貧しいペリフェリとの格差が累積的に拡大する、というのであった。

周縁地域が独立国になれば、競争力喪失に対して為替相場を切り下げたり、関税を賦課したり、資本移動規制をかけたりできるが、国の中の地方であればそれらの手段は使えない。そこで、政府が地域開発政策や国民統一基準の社会保障政策、あるいは地方交付税制度などによって所得格差を是正する。さらにインフラを整備し企業の地方展開をはかるなど、広い意味の地域政策が効果を発揮すれば、この「累積的因果関係」をかなりの程度まで緩和できる。コア＝ペリフェリ問題への対処には、中央政府あるいは連邦政府の政策が不可欠なのである。

垂直型の通貨同盟にも同じ論理が当てはまる。西欧はユーロ圏のコアであり、南欧や東欧はペリフェリである。ユーロ加盟によって、南欧諸国などは共通のルールに服し、為替切り下げもできなくなった。関税や資本移動管理はEUの権限になっている。したがって、コアとペリフェリとの所得格差を拡大しないためには、ユーロ圏レベルの地域政策が必要である。

EUにはGDP比〇・四％の規模の財政資金を、一人当たり所得がEU平均の七五％以下の地域に移転する地域政策がある。ところが、ユーロ制度にはそうした仕組みはセットされていない。それどころか、非救済条項があり、中央銀行は国債の自由な購入を禁止されていた。だから論理的には、通貨同盟にペリフェリ諸国を加盟させるべきではなかった。

通貨統合が決定した頃、EUの通貨エリートの一部は「最適通貨圏の理論」を念頭に置いていた。この理論は、単一通貨圏に参加できる国の範囲を考える理論であって、労働力の域内自由移動が最適通貨圏の条件であるとか、ほぼ等しい経済発展水準の諸国だけが参加可能とか、いくつかの基準を提出していた。一九九二年、ドイツ連銀総裁ハンス・ティトマイヤー(当時)はイタリアで講演し、「イタリアはユーロ加盟をすべきではない。不況になっても西欧諸国に労働者は移動しないので、大不況になりかねない」と、イタリアのユーロ加盟に反対した。

だが、西欧諸国の企業(資本)はできるだけ広い統一通貨地域を獲得しようとしていた。ドルが弱くなると、ドイツ・マルクの為替相場は跳ね上がり、強くなりすぎて、ドイツの輸出企業は他のEU諸国の競争企業に対して苦境に落ち込んだ。ドイツ企業はユーロ圏を広げることによってそうした事態を防ぎたいと強く望んだ。ドイツ南部の企業は「イタリアがユーロ加盟しないと意味はない」といった。イタリアは競争国なので、イタリアが為替相場を切り下げてドイツ企業の競争者になる道を防ぎたかったのである。イタリア市場への輸出安定のためにも統一通貨が望ましい。こうして、西欧諸国の財界はできるだけ広いユーロ圏を求めた。政府や欧州委員会に対するロビー活動も行われたであろう。銀行資本も大きな通貨同盟を望んでいたのである。条約の論理と資本の論理は食い違っていたのである。

条約は「ユーロ加盟四条件」を設定した。当時、南欧の合格は不可能とみられていた。だが、南欧諸国は構造改革によって「ユーロ加盟四条件」をクリアした。ギリシャは財政赤字の数値をごまかしたが、それでも、インフレ率引き下げ、民営化など、構造改革を進めてはいたのである。そうしてユーロ圏は垂直的通貨同盟になった。それでも、ユーロ加盟後も南欧諸国が構造改革を続けて、西欧諸国にキャッチアップするという道はあったのである。

すでに指摘したように、ユーロ加盟後、GIPS諸国の成長率は高まり、西欧にキャッチアップした。しかし、それは西欧の大銀行による巨額の資金移転による「虚偽のキャッチアップ」であった。とはいえ、民間資金が公的資金移転に代替してペリフェリの成長率を高めたので、コア＝ペリフェリ問題は顕在化しなかったのである。

ユーロ危機によって状況は一八〇度逆転した。西欧の大銀行は資金を引き揚げ、南欧諸国はバブル崩壊と不況、大量失業へと落ち込んだのである。民間資金流入が止まると、コア＝ペリフェリの本来の論理が貫徹するようになった。図Ⅰ-4(四五頁)を見ると、イタリア、スペインには二〇一三年から銀行資金がわずかながら戻ってきたが、一四年後半景気悪化と並行して流出に転じた。他の三つの小国には西欧からの銀行資金は戻らず、外資流入残高は減少を続けている。

つまり民間資金の流れで南欧諸国の経済不振を緩和するという、単一金融市場の理想はポスト・ユーロ危機段階では機能していない。ＥＵは「資本市場同盟」計画を打ち出し、資本市場活性化によって南欧も含めて中小企業などの資金調達を支援するつもりだが、実現は先の話であり、効果もはっきりしない。

南北格差を克服する「シナリオ」

南欧でもっとも厳しい状況に置かれているギリシャに即して話を進めよう。Ｖ章で述べたように、ギリシャはあまりに政府債務が大きく、支払い不能状態に陥って自力返済ができなくなった。これがギリシャ危機の底にある基本問題である。したがって、正当な対策は債務切り捨て、ギリシャのプラス経済成長復活の支援、ということになる。かなり大幅の債務切り捨てはＩＭＦがすでに主張しており、チプラス首相も将来、タイミングを見計らってその要求を持ち出すと予想される。

ギリシャに大金を流入させて財政赤字や経常収支赤字の野放図な拡大を支援した西欧の大銀行の貸し手責任は免れない。貸し手が借り手を煽ってバブル膨張の原因をつくった。西欧諸国はその責任をとるべきである。南欧諸国は西欧に対する競争力格差の拡大によって製造業が衰退し、ポスト・ユーロ危機段階において産業の活気が失われている。

経済成長復活の正統的な方法は、コア＝ペリフェリ問題を考慮して、ユーロ圏レベルに財政移転システムを導入し、南欧諸国を支援することである。これが筆者の「シナリオ」である。構想自体は昔からあるのだが、ポスト・ユーロ危機段階の危機克服にそれが必要と主張する点が新しい。このシステムをユーロ圏が確立すれば、「ユーロ3・0」へヴァージョンアップし、ユーロ圏の帝国的性格も緩和される。

リーマン危機・ユーロ危機の後に、EU単一金融市場はユーロ圏周縁国に必要な資金を流入させる機能を十分に果たしていない。公的資金の移転が不可欠になっている。ペリフェリへの財政資金の移転は、米国、ドイツ、イギリス、日本など、どの国（＝通貨同盟）においても普通に行われている施策である。垂直的通貨同盟を形成しておきながら財政移転制度をもたないユーロ圏が異例なのである。それがポスト・ユーロ危機段階の南北分断長期化の大きな原因といえる。

EC通貨同盟におけるコアからペリフェリへの財政移転の研究

通貨同盟における財政移転制度について、実は一九七〇年代、ECの通貨同盟構想において、必須の制度として研究がなされた。七五年の「マルジョラン報告」が先鞭を付け、七七年にはEC委員会の支援を受けてマクドゥガル委員会が本格的な分厚い二冊の報告書を提出した。

当時はEC9の時代である。周縁は当時一人当たり国民所得がEC平均よりかなり低いイギリス、イタリア、アイルランド、中心は西ドイツ、フランス、ベネルクス三国、デンマークであった。国民所得の規模は支援国側の方がやや大きかった。通貨同盟をこの九カ国で形成するとすれば、ECのGDPの二%から二・五%を移転すれば、約四〇%の所得格差是正を行い、被支援国の経済発展と経常収支赤字の補塡に相当大きな効果を発揮できる。これは統合の第一歩の「前連邦的統合段階」である。次は「小規模な公的部門を有する連邦段階」で、そこでは社会保障・福祉に関する国家間の調整を連邦が担当し、さらに特定の産業や地域に対して援助を行う。このような資金移転制度の根拠は、ペリフェリ諸国は為替切り下げの権限を通貨同盟によって取り上げられてしまうことである。その代償が公的移転システムだというのである。

一九九〇年代初めには、欧州委員会のエコノミストが通貨同盟の失業手当給付制度を提案した。通貨同盟に基金を設けて、失業率の上昇した国に手当を給付して、不況の悪化を早いうちに食い止めるという構想であった。

一部の国だけが経済・通貨統合から巨額の利益を得て、他の国が割を食うようでは統合は進まないと、二〇世紀には考えられていた。「統合利益の均等配分」の原則がリーダー達の念頭にあったのである。先に紹介したマクドゥガル報告の財政移転制度はその原則に沿っていた。単一市場統合では、当時のドロール欧州委員会委員長の提案をコール首相が支持して率先したので、先進国はEC地域政策資金を倍増し、統合利益を周縁国に還元した。単一市場で競争が強まると周縁国が割を食うので、補償するというのである。単一市場統合が順調に進んだのはそうした配慮が制度化されたからであった。

今日、統合とユーロ安から巨額の利益を得ているドイツがその精神を忘れ、すでに破綻した「非救済条項」を楯に自己防衛をはかっている。ユーロ圏の他の先進諸国も財政支援システムを構築してカネを出す事態を望んでいない。ユーロ加盟国はユーロの多くのメリットを享受するので、支援など問題にならないというのが「ユーロ1・0」の論理であった。だが、ポスト・ユーロ危機段階に財政移転制度の合理性が再び浮上してきた。南欧の窮状をいつまでも放置するのか、という議論が今後さらに強まると予想される。

ユーロ制度が当初からこの財政移転制度を組み込んでいれば、ユーロ危機の大騒動は避けられたであろう。だが、今日でもそうした動きは見られない。ドラギ総裁でさえ、二〇一五年春にイタリア議会で講演した際に、「永続的財政移転機構はユーロ圏では望めない」といっている。だが、為替相場切り下げができないからそれを制度的に補償するという論理はユーロ圏でも通用するのではないか。仮にドラギ総裁に従うとしても、被支援国の一人当たり所得がユーロ圏平均のたとえば八〇%になるまでの暫定的な措置とすることもできるはずだ。八〇%なら、イタリアは含まれないが、スペイン、ポルトガル、ギリシャと東欧諸国が含まれる。GDP比では支援国側が圧倒的に大きいので、資金の持ち出しは最小限で済むと思われる。統一ドイツは旧東ドイツへの支援にGDP比四％もの財政支出を二〇年以上続けたが、そのように大規模な支援規模はまったく必要ない。

5　公的資金移転システム設置をめぐって

覇権国とは言えないドイツ

ドイツを先頭に北部ヨーロッパ諸国は、南欧諸国に強い不信の念をもっている。ユーロ圏が財政支援を増やせば南欧諸国は依存を強め、構造改革を怠り、改革は妨げられる。南欧諸国は賃金切り下げと構造改革により競争力を回復し、自ら立ち直るほかない、それを強要できるのは不況である、と達観している。これは一種の歴史観でもあろう。そこから出てくる「政策」は、不況に是正を委ねて「待つ」ということになる。

普通の景気循環の不況であれば、「待ち」の政策も成り立つであろう。だが、ポスト・ユーロ危機の不況は構造不況だ。バブルが破裂し経済力・産業力の劣る南欧の状況は深刻で、しかも競争力格差が開いているのに為替相場切り下げができないので、大量失業を速やかに吸収する展望が見えない。「待ち」の方針は大量失業を長引かせ、ユーロ圏各国やイギリスなどでも批判政党の伸張を招いている。ドイツと西欧諸国が経済統合から得る巨額の利益の一部を吐き出す制度づくりが必要だ。

前節で説明したような財政移転システムの構築が必須である。つまり、「待ち」ではなく、さらなる経済統合と相互支援制度が必要なのである。そのような制度構築に伴って政治権限の集中が必要になる。資金移転の財源として、ユーロ圏の法人税や環境税などを当てることになろう。その実施や管理を行うのはユーロ圏財務省である。危機対応においてはECBとタッグを組む。このような改革にはEU基本条約の改正が必要だが、EU二八カ国の合意は非常に難しい。九カ国以上の合意による「先行統合制度」を利用して、ユーロ圏だけで実施する道もある。ドイツを動かすことができれば、その道が開ける。

ドイツは東欧に生存圏を確保するというナチス・ドイツの野望を、東欧のEU加盟・EU単一市場とユーロを利用して平和裡に実現した。当時、植民地帝国主義国として覇を争った英仏両国は植民地独立によって普通の国となり、ソ連崩壊後は核武装の強みも消えてしまった。ドイツの「独り勝ち」はその当然の帰結ともいえる。ドイツは中国・ロシアと直接交渉できる産業力と政治力を獲得した。そうしてドイツは自立し、ヨーロッパの超大国としてEU諸国を屈服させている。ヨーロッパの最強国にはなったのだが、ギリシャ反乱への対処に示されたように、勢力圏の安定という公共財を提供しないドイツを「覇権国」ということはできないであろう。

南欧諸国の長期不況と大量失業、そして批判政党の台頭は、ギリシャだけでなく、南欧全体の大反乱もありえない話ではないということを示唆している。スペインでは左翼大衆主義のポデモス党が急激に台頭し、ギリシャのシリザの友党として振る舞っている。イタリアでは、EU離脱を唱える五つ星運動党が伸びている。このままでは、EUとユーロ圏は不安定で分裂したままであろう。財政緊縮政策によってユーロ圏諸国の財政赤字はかなり縮小し、ソブリン危機の可能性は低下したとはいえ、不況の中で無理をして赤字を引き下げただけに、大量失業などの副作用が生じており、ギリシャ型の反乱が繰り返されない保証はない。そうなれば、また金融危機が引き起こされ、世界に迷惑をかけることになろう。

ドイツが抱える問題

しかもドイツの「独り勝ち」に二〇一四年から一五年にかけて疑問符が付いている。

第一に、ドイツ経済の内需の問題である。二〇一四年の民間・政府双方の投資水準（GDP比）が二〇〇〇年と比べてかなり大きく下がっており、ドイツ経済の長期的な強さに疑問が出されたのである。東欧諸国や中国でドイツ企業は破格の投資行動を続けてきたが、国内ではそうではなかった。また交通インフラ、通信設備など公的投資も不足していた。これは財政均衡主義に拘束されて政府が投資を抑制したからである。

第二に頼みの外需にも不安が強まっている。中国、ロシア、トルコなど新興大国の成長率の低下、経済混乱である。それら諸国はリーマン危機の時期から急激に経済成長を遂げ、ドイツはその世界経済の潮流に乗って新興諸国へ輸出を伸ばし、現地での投資を進めてきた。それが「独り勝ち」の支柱の一つだったのだから、新興諸国の成長率低下はドイツにとって非常に厳しい事態である。新興諸国で投資過剰が顕在化し、低成長はかなり長引くと予想されるだけに、ドイツにとって厳しい。ドイツの経済成長への寄与を見ると、輸出が成長を牽引したのは二〇一二年までであって、経常収支黒字はその後もGDP比六%から七%と大きいものの、成長率への寄与はほとんど見られない。中国経済の成長率低下などが影響している。中国経済の一%の減速は一年後のユーロ圏経済に〇・二五%の減速圧力となる。中国への輸出依存度の高いドイツ（輸出全体に占める中国のシェアは六%）の場合はより強い下押し圧力がかかる。

第三に二〇一五年九月に勃発したフォルクスワーゲン（VW）のディーゼル車排ガス問題はきわめて深刻な影響をドイツ経済に及ぼしそうである。VWグループの中国市場依存度は総売り上げの約三分の一に達しており、中国の低成長化と合わせてダブルパンチとなる。コンピュータ・ソフトを操作して排ガス汚染をごまかしたVWの手法は「例のない悪質さ」と批判されている。悪質さにかけては、EUに対するギリシャ政府の虚偽の財政赤字報告といい勝負であろう。ＶＷは一四年のドイツ国内の自動車生産台数五九一万台のうち四三％、同年の自動車産業の国内雇用七七・五万人のうち三四％を占め、ドイツの「国民的企業」ともいえる地位にある。ＥＵ当局は一三年に不正を知り、ドイツ監督当局に伝達したが、ドイツ当局は不正を見逃していたという。ドイツ当局、ドイツ政府、ＥＵ関係者にも批判が及ぶ。ＶＷの関連ディーゼル車は世界で一一〇〇万台、ヨーロッパを走る乗用車に占めるディーゼル車のシェアは五〇％以上もあり、今後の影響は計り知れない。ヨーロッパ景気への新たなリスクともなっている。

第四に難民流入問題がある。二〇一五年夏、シリアからの難民流入が大問題となった。一四年ドイツへの難民流入は二〇万人であったが、一五年には九月だけで二七万人となった。年間の移民申請は八〇万人との予想もある。ＥＵには一〇〇万人が移民申請を行い、そのうち三五万人から四五万人が受け入れられるとＯＥＣＤは九月の報告書で予想している。ドイツは日本と並ぶ出生率低下と少子高齢社会化に悩む。人口は二〇六〇年には七一〇〇万人弱と一〇〇〇万人も減少し、イギリス八〇〇〇万人、フランス七六〇〇万人に抜かれると欧州委員会は予想している。そのことを念頭に、メルケル首相は寛大な受け入れ政策を表明し、ＥＵの受け入れ分担についてもリーダーシップを発揮している。ユーロでの対応に比べると、理性的で連帯を重視した行動であり、「病理的」ともいわれる通貨関係の対応に比べると、ドイツの常識に安心する思いであった。

だが、難民の大規模流入が継続すれば、寛大な流入政策の持続は難しくなるであろう。シリア情勢への関与を含めて、すでにシリアでIS空爆に踏み切ったフランス政府との協調が不可欠である。ロシアとの協力やシリア介入に消極的なオバマ政権との交渉も必要だが、そこでもフランスの協力が欠かせない。難民の最大の流入口となっているギリシャ、イタリアとの協力、東欧諸国の説得などにおいても、EU全体の連帯なしにことは進まない。

EUでの連帯は右に指摘した第一から第四のすべてにおいて不可欠である。ドイツにとってEU諸国との協力が死活的に重要な局面を迎えている。「新覇権国」と自画自賛する時期は終わったのである。ギリシャ問題は再燃する。他の南欧諸国の苦難も続く。「独り勝ち」でやり過ごせる情勢ではない。ユーロ圏に財政移転システムを構築する「シナリオ」を真剣に検討する時が来ているのではないだろうか。

ユーロのゆくえ――債権者の論理か、連帯か

EU基本条約前文は、「ヨーロッパ諸国民の間のますます緊密化する同盟(ever closer union)の基礎を確立することを決意し」、「これら諸国民の生活および労働条件を絶えず改善することを努力の主要目的とすることを確認し」、「これら諸国の……調和的発展を確保することを念願し」と宣言している。EU諸国民の連帯がヨーロッパ統合の基礎であり、目的でもある。

しかし、単一市場・統一通貨体制が生み出した大規模な国際的証券投資、銀行与信によってEU・ユーロ圏諸国は債権国と債務国に分かれた。ユーロ危機とポスト・ユーロ危機の段階においてユーロ圏は統合のそもそもの理念である連帯よりも債権者の利益、債権国の利益を優先した。

ユーロ危機では投資家の支配する金融パニックに促迫されて、ソブリン危機に陥った諸国は財政緊縮を進めざるをえなかった。債権者は債務国政府からの債権回収をなによりも優先するからである。ユーロ危機の第一波では、ギリシャ国民の福利厚生を重視すれば、ギリシャ危機の開始の段階で民間債務の切り捨てを行うことによって、貸し手責任を明確にする道があった。現にIMFはその方策を提言したのだが、ドイツやフランスの政府、ECBは独仏などの大銀行(債権者)の利益を優先し、ギリシャ国民にその負担を背負わせる道を選択した。連帯が債権者利益優遇の犠牲にされたといってよい。ユーロ危機の第二段階ではユーロ制度(基本条約)の不備のゆえにスペインとイタリアが犠牲者の列に加わった。

ポスト・ユーロ危機段階には金融パニックは沈静化したので、冷静になって、財政緊縮を緩めるなど「EUの連帯」を優先する方向へ舵を切ることも可能だったはずだが、債権国となったドイツを先頭に、西欧諸国が南欧の債務国に返済させる態勢を崩さなかった。「貸した金は返せ」という債権国の論理が連帯の精神を押しのけて、債務返済の年限の延長や金利の引き下げには応じても、債権国・ECBの保有する債権のカットには応じられないという。

六年続きのマイナス成長と二五％を超える失業率を背景に「緊縮反対」に国民の六一％超が投票したギリシャに対しても、「そちらも民主主義ならこちらも民主主義で選ばれている」というショイブレ財務相の言葉で事実上無視し、従来通りの方式を踏襲した第三次支援へと至った。緊縮財政によってギリシャが二次にわたる債務返済に失敗しているのに、同じ債権国の論理がまかり通った。ギリシャ経済の状況と国民投票の結果を重視する道もあったはずだが、国民説得に用いた債権国の論理が自縄自縛となって、連帯と民主主義の重視、債務国の経済成長優先の政策がとれない。その先頭に立ったドイツはユーロ圏の安定という公共財を提供する意思もなく、EU諸国の議論をその方向へリードする雅量もない。最大の経済強国として「ユーロ圏の盟主」にはなっていても、覇権国にふさわしい行動を放棄しているといわざるをえない。

上述したように、ドイツは新興大国経済の不振、フォルクスワーゲン問題、難民流入問題など、EUの連帯を求められる事態に直面している。しかし、だからといって、ドイツ世論やドイツ政府がユーロ圏の覇権国にふさわしい方向へ動くと期待することはできない。むしろ、ドイツが、現実には破綻した基本条約の規定やこれまで設定してきたルールを北部欧州諸国のバックアップを得て強化し、結果的にユーロとユーロ圏を不安定化するシナリオの方が現実になるのではないかと筆者は恐れている。今のままでは、ギリシャ危機はやがて再発するであろう。

その時ドイツはギリシャをユーロ圏から追い出そうとするのだろうか。他の南欧諸国の長期経済停滞に対して「待てば良くなる」と繰り返すつもりであろうか。

二〇世紀のヨーロッパ統合はフランスの智恵とドイツのカネで発展した、といわれる。そうしたバランスのとれた関係はユーロ危機以降損なわれてしまった。フランスがユーロ圏の他の大国イタリア、スペインとも手を組んで立ち上がる時が来ている。南欧諸国の政治情勢がギリシャに続いて不安定化すること、ギリシャ危機再発やチプラス首相の再度の挑戦だけでなくユーロ圏に危機が再発すること、そのような民主主義の動きをタイムリーにつかんで、フランスが動かなければならないであろう。

ヨーロッパ民主主義圏の強化は、今日、世界の多くの国の願いである。ユーロ圏が経済統合の原点に立ち返って強化されていくかどうか。それは、ヨーロッパだけでなく、世界にとっても重要な問題となっている。

おわりに

ユーロへの通貨統合の道筋から二〇一〇年のギリシャ危機まで、前著『ユーロ 危機の中の統一通貨』(岩波新書、二〇一〇年)にまとめた後も、ユーロ危機や制度改革についていろいろと文章を書き、研究会などで報告もしてきた。そして、一五年のギリシャ反乱を見守りながらようやく、それらをとりまとめる方向性が見えてきた。そうした折、前著の編集担当者、安田衛氏と連絡がとれて、岩波新書にまとめる幸運を得ることができた。

ユーロ危機の最中にはたくさんの解説書が刊行された。眼前で展開している金融パニック危機を解明するための金融論関係の本で、それぞれに有益ではあるが、金融パニックが過ぎ去って三年以上も経ってしまうと、ユーロ危機の一面を照射したものになってしまう。

ポスト・ユーロ危機に入ってギリシャの反乱が起きた後には、別種の資料を掲載した本が求められる。金融パニックだけでなくユーロ危機の全体を解明し各々の危機を正しく位置づけ、ユーロ制度改革をフォローしてその能力と性格を明らかにし、ギリシャ反乱に象徴されるユーロ圏のコア＝ペリフェリ問題を分析してその解決策を提案するものである。本書はそれらをできるだけ平易に解説するようにつとめた。

平易な解説を目指したので、巻末の参考文献もそれにふさわしいものに限定することとし、学術専門書は入れなかった。ただし、EU運営条約に関するドイツでの訴訟については、専門書だけが明らかにできるので、その分野は例外になっている。

ユーロ圏からEUに眼を広げると、二〇一五年には、シリアなどからの難民の大量流入、ウクライナ・ロシア問題、イギリスのEU残留国民投票など、難問が集中し、EU統合危機論が今日的テーマに浮上している。わが国では「EU統合の終焉」といった悲観論も出ている。

難民問題は過去のEUに例のない挑戦である。対外的には、EU米国自由貿易圏(TTIP)交渉という重大案件もある。二一世紀型の挑戦といえる。イギリス残留問題以外のいずれの問題も、ヨーロッパの人々はEUを活用する以外に解決の道はない。EUは挑戦的な諸課題に対応し、解決策を探り、やがて見いだすプロセスへと入っているのである。

ユーロ圏にとってもユーロを強化し安定したユーロ圏を創出する以外にこれからの長い未来を生き抜くすべはない。筆者は、ユーロが崩壊することは決してありえないし、時間はかかっても、本書の終章で提案した方向に向かってユーロ圏は進んでいくと考えている。

筆　者

岩波新書/最新刊から

1571 考え方の教室　齋藤　孝 著

〈考える〉ことは楽しい！　まずは気持ちのストレッチ体操から。具体的なレッスンの積み重ねで、必ずあなたの〈思考〉は変わる！

1572 「私」をつくる　近代小説の試み　安藤　宏 著

小説とは言葉で世界をつくること。その仕掛けの鍵は、「私」――。近代小説の本質をあざやかに読み解く、まったく新しい小説入門。

1573 〈文化〉を捉え直す　―カルチュラル・セキュリティの発想―　渡辺　靖 著

グローバル化が進展する中で、一歩誤ると大きなリスクやコストを負いかねない〈文化〉。その危険性と可能性を考察する。

1574 和漢診療学　あたらしい漢方　寺澤捷年 著

人体は部品の寄せ集めではないとの視座から患者をみることを実践する著者が、漢方と西洋医学の叡智を結集した和漢診療学を提案。

1575 村上春樹は、むずかしい　加藤典洋 著

村上春樹の文学的達成と真価、誰にも理解されていないその文学像について、全作品を詳細に読み解いてきた著者が核心を提示する。

1576 蘇我氏の古代　吉村武彦 著

「大臣」として政権を支え、ヤマト王権の紛れもない中心であった一族は、なぜ歴史から姿を消したのか？　氏族からみた古代を描く。

1577 新・韓国現代史　文　京洙 著

盧武鉉から李明博を経て朴槿恵政権へと激しい変化をとげる近年の韓国。その動向を反映したグローバル時代の新たな通史。

1578 香港　中国と向き合う自由都市　倉田　徹／張　彧暋 著

一国二制度下の国際都市が「中国化」に直面し政治に目覚めた――日本と香港の気鋭が歴史背景と現代文化から緻密に解説する。

(2016.1)

岩波新書より

経済

ポスト資本主義 科学・人間・社会の未来　広井良典
日本の納税者　三木義一
タックス・イーター　志賀櫻
タックス・ヘイブン　志賀櫻
コーポレート・ガバナンス　花崎正晴
グローバル経済史入門　杉山伸也
アベノミクスの終焉　服部茂幸
新自由主義の帰結　服部茂幸
新・世界経済入門　西川潤
金融政策入門　湯本雅士
日本経済図説〔第四版〕　宮崎勇・本庄真・田谷禎三
世界経済図説〔第三版〕　宮崎勇・田谷禎三
WTO 貿易自由化を超えて　中川淳司
日本財政 転換の指針　井手英策
日本の税金〔新版〕　三木義一
成熟社会の経済学　小野善康

景気と経済政策　小野善康
平成不況の本質　大瀧雅之
原発のコスト　大島堅一
次世代インターネットの経済学　依田高典
ユーロ 危機の中の統一通貨　田中素香
低炭素経済への道　諸富徹・浅岡美恵
「分かち合い」の経済学　神野直彦
人間回復の経済学　神野直彦
グリーン資本主義　佐和隆光
市場主義の終焉　佐和隆光
消費税をどうするか　小此木潔
国際金融入門〔新版〕　岩田規久男
金融入門〔新版〕　岩田規久男
ビジネス・インサイト　石井淳蔵
ブランド 価値の創造　石井淳蔵
グローバル恐慌　浜矩子
金融商品とどうつき合うか　新保恵志
金融NPO　藤井良広

地域再生の条件　本間義人
経済データの読み方〔新版〕　鈴木正俊
格差社会 何が問題なのか　橘木俊詔
シュンペーター　伊東光晴・根井雅弘
ケインズ　伊東光晴
現代に生きるケインズ　伊東光晴
景気とは何だろうか　山家悠紀夫
環境再生と日本経済　三橋規宏
人民元・ドル・円　田村秀男
社会的共通資本　宇沢弘文
経済学の考え方　宇沢弘文
経営革命の構造　米倉誠一郎
経済論戦　川北隆雄
アメリカの通商政策　佐々木隆雄
戦後の日本経済　橋本寿朗
共生の大地 新しい経済がはじまる　内橋克人
思想としての近代経済学　森嶋通夫
アメリカ遊学記　都留重人

岩波新書新赤版一〇〇〇点に際して

ひとつの時代が終わったと言われて久しい。だが、その先にいかなる時代を展望するのか、私たちはその輪郭すら描きえていない。二〇世紀から持ち越した課題の多くは、未だ解決の緒を見つけることのできないままであり、二一世紀が新たに招きよせた問題も少なくない。グローバル資本主義の浸透、憎悪の連鎖、暴力の応酬――世界は混沌として深い不安の只中にある。

現代社会においては変化が常態となり、速さと新しさに絶対的な価値が与えられた。消費社会の深化と情報技術の革命は、種々の境界を無くし、人々の生活やコミュニケーションの様式を根底から変容させてきた。ライフスタイルは多様化し、一面では個人の生き方をそれぞれが選びとる時代が始まっている。同時に、新たな格差が生まれ、様々な次元での亀裂や分断が深まっている。社会や歴史に対する意識が揺らぎ、普遍的な理念に対する根本的な懐疑や、現実を変えることへの無力感がひそかに根を張りつつある。そして生きることに誰もが困難を覚える時代が到来している。

しかし、日常生活のそれぞれの場で、自由と民主主義を獲得し実践することを通じて、私たち自身がそうした閉塞を乗り超え、希望の時代の幕開けを告げてゆくことは不可能ではあるまい。そのために、いま求められていること――それは、個と個の間で開かれた対話を積み重ねながら、人間らしく生きることの条件について一人ひとりが粘り強く思考することではないか。その営みの糧となるものが、教養に外ならないと私たちは考える。歴史とは何か、よく生きるとはいかなることか、世界そして人間はどこへ向かうべきなのか――こうした根源的な問いとの格闘が、文化と知の厚みを作り出し、個人と社会を支える基盤としての教養となった。まさにそのような教養への道案内こそ、岩波新書が創刊以来、追求してきたことである。

岩波新書は、日中戦争下の一九三八年一一月に赤版として創刊された。創刊の辞は、道義の精神に則らない日本の行動を憂慮し、批判的精神と良心的行動の欠如を戒めつつ、現代人の現代的教養を刊行の目的とする、と謳っている。以後、青版、黄版、新赤版と装いを改めながら、合計二五〇〇点余りを世に問うてきた。そして、いままた新赤版が一〇〇〇点を迎えたのを機に、人間の理性と良心への信頼を再確認し、それに裏打ちされた文化を培っていく決意を込めて、新しい装丁のもとに再出発したいと思う。一冊一冊から吹き出す新風が一人でも多くの読者の許に届くこと、そして希望ある時代への想像力を豊かにかき立てることを切に願う。

（二〇〇六年四月）

田中素香

1945年福岡県生まれ．1971年九州大学大学院経済学研究科修士課程修了．東北大学大学院経済学研究科教授，中央大学経済学部教授を経て，現在，中央大学経済研究所客員研究員，東北大学名誉教授．経済学博士．専攻はヨーロッパ経済論，経済統合論．
著書に，『ユーロ 危機の中の統一通貨』，『ユーロ その衝撃とゆくえ』(いずれも岩波新書)，『拡大するユーロ経済圏――その強さとひずみを検証する』(日本経済新聞出版社)，『現代ヨーロッパ経済(第4版)』(共著，有斐閣アルマ)ほか多数．

ユーロ危機とギリシャ反乱　　岩波新書(新赤版)1586

2016年1月20日　第1刷発行

著 者　田中素香《たなかそこう》

発行者　岡本 厚

発行所　株式会社 岩波書店
〒101-8002 東京都千代田区一ツ橋2-5-5
案内 03-5210-4000　販売部 03-5210-4111
http://www.iwanami.co.jp/

新書編集部 03-5210-4054
http://www.iwanamishinsho.com/

印刷製本・法令印刷　カバー・半七印刷

ISBN 978-4-00-431586-5　　Printed in Japan

EUの通貨統合をめぐる主な出来事
(1958年1月〜2015年9月)

1958	1	ローマ条約発効(EEC設立，67年ECへ)
1970	10	経済・通貨同盟に関するウェルナー報告発表
1971	2	EC経済相蔵相理事会，経済・通貨同盟決議採択
	5	マルク単独フロート，オランダが追随(第1次経済・通貨同盟計画崩壊)
	8	米国，金ドル交換停止．IMF固定相場制崩壊
1972	4	EC為替相場同盟(スネーク)始動
1973	1	EC第1次拡大(デンマーク，アイルランド，イギリス)，EC9カ国に
1979	3	欧州通貨制度(EMS)始動
1981	1	EC第2次拡大(ギリシャ)，EC10カ国に
1985	12	欧州理事会，単一欧州議定書合意(EC単一市場統合の本格スタート)
1986	1	EC第3次拡大(スペイン，ポルトガル)，EC12カ国に
1988	2	ブリュッセル欧州理事会，地域政策費倍増などEC財政改革を承認
1989	6	マドリード首脳会議(経済・通貨同盟[EMU]設立のためドロール委員会報告採択)．スペイン，EMSの為替相場メカニズム(ERM)参加(変動幅±6%)
1990	6	西ドイツ，フランス，ベネルクス3国，国境チェック廃止のシェンゲン協定に調印
	7	東西両ドイツ通貨統一(ドイツ・マルク採用)
	10	東西両ドイツ統一(東ドイツは自動的にECに包摂)
1992	2	マーストリヒト条約調印
	4	ポルトガル(エスクード)，ERM参加(変動幅±6%)
	9	EMS危機，英(ポンド)とイタリア(リラ)，ERM離脱
1993	1	EC単一市場スタート
	8	ERM変動幅±15%に拡大

EU の通貨統合をめぐる主な出来事

	11	マーストリヒト条約発効(EC から EU へ)
1994	1	EMU 第 2 段階開始(欧州通貨機関[EMI]設立)
1995	1	EU 第 4 次拡大(オーストリア，スウェーデン，フィンランド)，EU 15 カ国に．オーストリア(シリング)，ERM 参加
	3	シェンゲン協定発効
	12	マドリード EU 首脳会議，通貨統合再スタート(単一通貨の名称をユーロに．ユーロ導入新手順決定)
1996	10	フィンランド(マルカ)，ERM 参加
	11	イタリア(リラ)，ERM に復帰
	12	ダブリン EU 首脳会議，安定と成長の協定(SGP)・ERM II・ユーロの法的枠組み合意．ユーロ紙幣デザイン決定
1997	6	アムステルダム条約合意(発効は 99 年 5 月)．SGP 調印
1998	5	ブリュッセル特別 EU 首脳会議にてユーロ参加 11 カ国を決定，ドイセンベルク，ECB 総裁に指名
	6	欧州中央銀行(ECB)設立
1999	1	EMU 第 3 段階開始(非現金分野にユーロ導入)，ユーロ未参加のデンマーク・ギリシャとの間に ERM II 創設．ドイセンベルク，ECB 総裁就任
2000	9	デンマーク国民投票でユーロ加盟を否決
2001	1	ギリシャ，ユーロ加盟，加盟国 12 カ国に
2002	1	ユーロ紙幣・硬貨流通開始，各国紙幣・硬貨と並行流通
	3	ユーロの専一流通開始
2003	9	スウェーデン国民投票でユーロ加盟を否決
	11	ECB 第 2 代総裁にジャン＝クロード・トリシェ(フランス)就任
2004	5	EU 第 5 次拡大，中・東欧諸国など 10 カ国が加盟し，EU 25 カ国に
2005	3	ブリュッセル欧州理事会，SGP の財政規律を緩和
	5	フランス国民投票で EU 憲法条約否決(批准反対 55%)
2007	1	スロベニア，ユーロ導入，ユーロ加盟国 13 カ国へ．ブルガリア，ルーマニア，EU 加盟，27 カ国へ
2008	1	キプロス，マルタ，ユーロ導入，ユーロ加盟国 15 カ国へ

	9	リーマン・ショック，グローバル金融危機爆発，ヨーロッパへ波及
	10	ユーロ圏首脳会議，金融危機対策で合意．ハンガリー通貨危機．ECB・EU・IMF，中・東欧への支援強化
2009	1	スロバキア，ユーロ導入，ユーロ加盟国16カ国へ
	2	EU金融監督制度改革のための「ドラロジエール報告」発表，6月欧州理事会同報告に基づく改革案合意
	3	イギリス・イングランド銀行，量的緩和策(QE)開始
	10	ギリシャ新政権(パパンドレウ首相)，財政赤字見直し(3.6%から12.7%へ)．ギリシャ国債3段階格下げ
	12	リスボン条約発効
2010	5	ギリシャ危機激発，ユーロ危機第1波始まる．EU・ユーロ圏・IMF(トロイカ)，ギリシャ支援1100億ユーロと他の南欧諸国向け支援策7500億ユーロとに合意．ギリシャ支援発動
	11	アイルランドへ，トロイカが850億ユーロの緊急支援を決定
2011	1	エストニア，ユーロ導入，ユーロ加盟国17カ国へ．EU金融監督制度スタート(欧州システミックリスク理事会[ESRB]+欧州金融監督システム[ESFS])
	1	ヨーロピアン・セメスター開始(～6月)
	3	ユーロ圏首脳会議，ユーロプラス協定合意
	5	財政危機のポルトガルへ，トロイカ780億ユーロ財政支援決定
	6	ユーロ危機第2波(～12年1月)
	7	ユーロ圏首脳会議，第2次ギリシャ支援・欧州金融安定ファシリティ[EFSF]強化を決定
	10	ユーロ圏首脳会議，第2次ギリシャ支援，ギリシャ政府の対民間債務50%カット・EFSF強化・財政規律強化で合意．ギリシャ，パパンドレウ首相，第2次ギリシャ支援を国民投票にかけると発表
	11	パパンドレウ首相辞任，パパデモス政権成立．イタリア，ベルルスコーニ内閣崩壊，マリオ・モンティ内閣へ
	11	ECB第3代総裁にマリオ・ドラギ(イタリア)就任．政策金利を1.5%から1.25%へ引き下げ
	12	欧州理事会，新財政条約(TSCG)合意，イギリスとチェ

		コは不参加を表明
	12	ECB，政策金利を1%へ引き下げ．3年物長期リファイナンシング・オペ(LTRO)4890億ユーロを金利1%で523の銀行へ供給
2012	2	ECB，3年物LTRO 5295億ユーロを金利1%で800の銀行に供給
	2	ユーログループ(ユーロ加盟国)，ギリシャへの第2次支援等を決定
	3	ギリシャ政府の対民間債務53.5%切り捨て(民間投資家負担[PSI])を実施
	4	ユーロ危機第3波(〜8月)，ギリシャ離脱危機，スペイン銀行危機
	5	仏大統領選挙で社会党オランド選出，ギリシャ総選挙で急進左派連合躍進(第2党へ)
	6	スペイン，銀行部門に1000億ユーロ支援をユーログループに要請．ギリシャ再選挙で与党連合勝利，サマラス内閣へ
	6	ユーロ圏首脳会議，銀行同盟の創設に合意，ファンロンパイ常任議長などに「真のEMU」に至るロードマップ呈示を要請．キプロス，EUとIMFに公式に金融支援を要請
	7	ECB，政策金利を0.75%へ引き下げ．ドラギ総裁ロンドン演説で「ユーロを守るためになんでもする」
	9	ECB，新規国債購入措置(OMT)採択
	10	欧州安定メカニズム(ESM)発足
	12	ESM，スペイン銀行支援に395億ユーロ
2013	3	ユーロ圏財務相会合，キプロス100億ユーロ支援決定．ECB，キプロスへ現金輸送
	5	ECB，政策金利を0.75%から0.5%へ引き下げ
	7	クロアチア，EU 28番目の加盟国となる
	9	ドイツ総選挙でメルケル首相再任，大連立交渉へ
	9	欧州議会，単一銀行監督メカニズム(SSM)法案可決，10月財務相理事会SSM関連規則採択
	11	ECB，政策金利を0.5%から0.25%へ引き下げ
	12	アイルランド向けならびにスペイン向け金融支援終了

	12	ドイツ，第3次メルケル内閣発足(社会民主党との第3次大連立)
2014	1	ラトビア，ユーロ導入，18番目のユーロ加盟国へ
	2	イタリア，レンツィ内閣発足
	3	単一破綻処理メカニズム(SRM)，欧州議会法案可決，5月財務相理事会関連規則採択
	3	ロシア，クリミア半島を編入，G7やEUのロシア制裁発動，ウクライナ危機に新局面
	4	ギリシャ，金融支援後初めて国債発行し金融市場へ復帰
	5	欧州議会選挙，極右・極左政党など「EU懐疑派」が躍進するも，統合促進派が500議席を超える(総数751)
	5	ポルトガル，トロイカの財政支援から脱却
	6	ECB，政策金利を0.15%に引き下げ，ECBへの預金金利をマイナス0.1%へ引き下げ．新型のLTRO(目標付き長期リファイナンシング・オペ[TLTRO])の導入を決定
	7	EUと米国，ロシア制裁を強化(ウクライナ情勢により)
	9	ECB，政策金利を0.05%へ引き下げ，ECBへの預金金利をマイナス0.2%へ引き下げ．量的緩和を示唆
	11	ユンケル新欧州委員会発足．ユーロ圏デフレ傾向強まる
	12	ユーロ圏デフレへ(対前年同月比マイナス)
2015	1	リトアニア，ユーロ導入，ユーロ加盟国19カ国へ．ECB，QE採択(3月から実施)．ギリシャ総選挙，急進左派連合連立政権(チプラス首相)
	2	チプラス政権，ユーロ圏と交渉開始，攻防続く．ECB，ギリシャの銀行への特例融資廃止．ギリシャからの預金流出加速．ギリシャ，経済混乱深まる
	6	ギリシャ，ユーロ圏との交渉決裂．チプラス首相，国民投票発表．欧州司法裁判所，OMTの条約違反訴訟却下
	7	チプラス首相，国民投票勝利．ギリシャとユーロ圏の交渉妥結，ギリシャ第3次支援合意．EU，シリアなどからの難民流入問題激化
	8	ユーロ圏，ギリシャへの第3次支援決定
	9	ギリシャ総選挙でチプラス首相再任
	9	独フォルクスワーゲン，排気ガス不正事件発覚し，深刻化．スペイン，カタルーニャ独立派州議会選挙で勝利

参考文献

Ⅰ章

田中素香[2010]『ユーロ　危機の中の統一通貨』岩波新書

Ⅱ章

伊豆久[2011・2012]「欧州中央銀行における「資金偏在」問題」証研レポート，第1666号・「欧州中央銀行の危機対策」同1670号

竹森俊平[2012]『ユーロ破綻　そしてドイツだけが残った』日本経済新聞出版社

田中素香[2014]「ユーロ危機への欧州中央銀行の対応」商学論纂(中央大学)，第55巻第3号

吉冨勝[2003]『アジア経済の真実』東洋経済新報社

Ⅲ章

太田瑞希子[2015]「EU銀行同盟―3本柱から考察する統合の深化と展望」経済学論纂(中央大学)，第55巻第5・6合併号

田中素香監訳[2014]「EU銀行業部門の改革に関する最終報告書―リーカネン報告」経済学論纂(中央大学)，第55巻第1号

田中素香・長部重康・久保広正・岩田健治[2014]『現代ヨーロッパ経済(第4版)』有斐閣アルマ

トニー・ジャット，森本醇・浅沼澄訳[2008]『ヨーロッパ戦後史(上)(下)』みすず書房

ドミニク・リーベン，袴田茂樹監修・松井秀和訳[2002]『帝国の興亡(上)(下)』日本経済新聞社

中西優美子[2015]『EU権限の判例研究』信山社

Ⅳ章

河村小百合[2015]『欧州中央銀行の金融政策』金融財政事情研究会

斉藤美彦[2014]『イングランド銀行の金融政策』金融財政事情研究会

竹森俊平[2014]『世界経済危機は終わった』日本経済新聞出版社

田中素香[2007]『拡大するユーロ経済圏―その強さとひずみを検証する』日本経済新聞出版社

中島精也[2015]『傍若無人なアメリカ経済―アメリカの中央銀行・FRBの正体』角川新書
中曽宏[2013]「金融危機と中央銀行の「最後の貸し手」機能」日本銀行（講演の邦訳）
中西優美子[2015]「OMT決定に関するドイツ連邦憲法裁判所によるEU司法裁判所への付託と先決裁定」自治研究，第91巻第11号
ロベール・ボワイエ，山田鋭夫・植村博恭訳[2013]『ユーロ危機 欧州統合の歴史と政策』藤原書店

V章

竹森俊平[2015]『欧州統合，ギリシャに死す』講談社
田中素香[2012]「債務危機と財政規律の政治経済学 ギリシャとイタリアのケース」国際問題，No. 611(5月号)
津田由美子・吉武信彦編著[2011]『北欧・南欧・ベネルクス』ミネルヴァ書房
藤原章生[2010]『ギリシャ危機の真実―ルポ「破綻」国家を行く』毎日新聞社
リチャード・クロッグ，高久暁訳[2004]『ギリシャの歴史』創土社

終章

エマニュエル・トッド，堀茂樹訳[2015]『「ドイツ帝国」が世界を破滅させる―日本人への警告』文春新書
長部重康[2015]「ユンカー欧州委員長の下，成長を目指すEU」ITI調査研究シリーズ，No. 5
田中素香[1982]『欧州統合―EC発展の新段階』有斐閣
田中素香[1983]「欧州通貨統合の根本問題―通貨統合・地域問題・公的資金移転」奥村茂次・村岡俊三編『マルクス経済学と世界経済』有斐閣，所収，第12章
田中素香[2002]『ユーロ その衝撃とゆくえ』岩波新書
田中素香・長部重康・久保広正・岩田健治[2014]『現代ヨーロッパ経済（第4版）』有斐閣アルマ

主要欧文略語一覧

CBPP(Covered Bond Purchase Programme)　カバードボンド購入プログラム
ECB(European Central Bank)　欧州中央銀行
EFSF(European Financial Stability Facility)　欧州金融安定ファシリティ
EFSM(European Financial Stabilisation Mechanism)　欧州金融安定化メカニズム
EMS(European Monetary System)　欧州通貨制度
EMU(Economic and Monetary Union)　エミュ：経済・通貨同盟
ERM(Exchange Rate Mechanism)　(EMSの)為替相場メカニズム
ESFS(European System of Financial Supervisors)　欧州金融監督システム
ESM(European Stability Mechanism)　欧州安定メカニズム
FRB(Federal Reserve Board)　米国連邦準備制度理事会
GIPS(Greece, Ireland, Portugal, Spain)　ギリシャ，アイルランド，ポルトガル，スペイン
LLR(Lender of Last Resort)　最後の貸し手(中央銀行の機能の1つ)
LTRO(Long-Term Refinancing Operations)　エルトロ：長期リファイナンシング・オペ
OMT(Outright Monetary Transactions)　新規国債購入措置
PSI(Private Sector Involvement)　民間投資家負担
QE(Quantitative Easing)　量的緩和策
SGP(Stability and Growth Pact)　安定と成長の協定
SMP(Securities Markets Programme)　証券市場プログラム
SRM(Single Resolution Mechanism)　単一破綻処理メカニズム
SSM(Single Supervisory Mechanism)　単一銀行監督メカニズム
TARGET(Trans-European Automated Real-time Gross Settlement Express Transfer System)　ターゲット：欧州内即時グロス決済システム
TLTRO(Targeted Long-Term Refinancing Operations)　目標付き長期リファイナンシング・オペ
VLTRO(Very Long-Term Refinancing Operations)　超長期リファイナンシング・オペ